剑是心

剑道理论详解

〔日〕川端邦彦 著

朱其乐 译

ZHEJIANG UNIVERSITY PRESS
浙江大学出版社
·杭州·

图书在版编目（CIP）数据

剑是心:剑道理论详解 /（日）川端邦彦著；朱其
乐译. -- 杭州：浙江大学出版社，2025.4. --ISBN
978-7-308-25964-4

Ⅰ.B853.13

中国国家版本馆 CIP 数据核字第 2025ZN4868 号

剑是心:剑道理论详解
JIAN SHI XIN：JIANDAO LILUN XIANGJIE

[日]川端邦彦　著　　朱其乐　译

责任编辑	徐凯凯
责任校对	诸寅啸
封面设计	项梦怡
出版发行	浙江大学出版社
	（杭州市天目山路 148 号　邮政编码 310007）
	（网址：http://www.zjupress.com）
排　　版	浙江大千时代文化传媒有限公司
印　　刷	杭州宏雅印刷有限公司
开　　本	880mm×1230mm　1/32
印　　张	6.25
字　　数	156 千
版 印 次	2025 年 4 月第 1 版　2025 年 4 月第 1 次印刷
书　　号	ISBN 978-7-308-25964-4
定　　价	88.00 元

序　言

　　以打中对手为目标的竹刀竞技在近几十年内成为日本剑道乃至全球范围内剑道的主流风格，但其却忽略了传统剑道中隐含的剑道理法和刀法。虽然剑道的升段审查中强制规定了对于日本剑道形的考查，但大多数情况下仅仅停留在动作的考查上，竹刀剑道和日本剑道形之间的割裂日益严重。

　　本书所阐述的"新明一刀流"是包含了日本剑道形中的理法，并将传统刀法衍化于竹刀剑道的流派。这也是该流派的创始者、日本传统剑道实践者——川端邦彦老师教诲的总结。

　　希望此书中所贯穿的"稽古如同形，形如同稽古"这一理念，能够使剑道爱好者在练习中融汇古今，将这一项目更好地发扬、传承下去。

剑道新明一刀流　师范代

剑道教士七段　福泽纯一

2024 年 1 月

目　录

绪　言

　　首先,我想谈谈这本剑道指导书的出版发行原委。笔者作为"新明一刀流"的宗家,从 13 岁起便师从佐伯太郎老师,一直练习剑道至今。我的师父——范士九段的佐伯老师,于 83 岁高龄时离世。在他去世之前,我仅仅将剑道视为一种兴趣,并未将自己视作一位剑道家。

　　在宫本武藏的《五轮书》的"地之卷"中,列举了剑道家必须掌握的九条极意①,其中第四条强调"接触诸艺"的重要性。观察日本的范士八段们,我发现他们中的大多数只对剑道有所了解,却未曾涉猎其他技艺。

　　我的人生则是自由奔放的,我接触过围棋、将棋、麻将,尝试过滑雪、滑冰,甚至驾驶飞机、汽艇,还有过高尔夫球一杆进洞的经历。此外,我还多次出国旅游,曾在美国居住数年,过去二十年间频繁往返韩国。相较于练习剑道,我更喜欢与女性社交。因此,剑道对我而言,仅仅是众多兴趣之一。在普通人眼中,我或许是个异类。

----

　　① "极意"指最深层次的知识和技巧。——译者注

1

我的恩师佐伯太郎老师在成为范士九段后，一直担任全日本剑道联盟的干部和日本剑道形的仕太刀讲师，负责指导日本的剑道界。尽管他在专门学习自古流传的一刀必杀剑道的武道专业学校中度过了三年的学生时代，但这段时间对于掌握剑道的精髓来说，还是显得太短了。

在当今的日本剑道界，即使有人一生修习剑道，也难以掌握"剑的理法"。我从 13 岁开始接受佐伯老师的指导——那时他刚从武道专业学校毕业并崭露头角——直到他去世。在我 60 岁之前的年轻时代，由于工作和多样的兴趣，我仅仅是一个喜爱剑道的爱好者，从未有过成为剑道家的想法。

在恩师逝世的三年前，他作为全日本剑道联盟的仕太刀讲师，在福冈市向十数人的范士、教士进行了长达两小时的日本剑道形讲习并录像。在恩师去世后，我反复观看了他的录像，并意识到他也并未完全掌握"剑的理法"，而只是将自己的理解融入了讲座中。从那时起，我开始专注于"剑的理法"，追求更高层次的剑道境界。掌握理法后，我发现剑道变得更加有趣和深奥。

回想起十三年前，我 59 岁那年，还对"理法之剑"一无所知。当时我正在第三次挑战八段审查，在通过了初审后，我本想乘胜追击突破二审，却因打击过多而被判定为不合格。当我向恩师询问不合格的原因时，他这样告诉我："仅仅强大并不足以成为八段！剑道中有'位'的概念，而你却缺乏这个'位'。你应该去学习并理解这个'位'。"

在当时的年代，如果想要接受八段审查，首先必须通过各都、道、府、县的预备审查，以获得剑道联盟的推荐，否则就没有资格参加八段审查。后来有人提出异议："七段以下都可以自由参加审查，为什么八段却需要预备审查？这太不合理了。"于是规定改为只要通过七段十年后，就可以自由参加八段审查。然而，这种审查方式只要对手技术不佳，就几乎可以忽略所谓的"位"，轻松通过初审。显然，这与过去那种需要通过预备审查、被承认具备八段水平的人进行对战的方式大相径庭。

当八段选手被七段选手击败时，我们不禁要思考：这是否意味着他的证书虽然是八段，但他的剑道水平还停留在七段呢？这个问题让我开始审视全日本剑道联盟的升段审查制度。

1953 年竹刀剑道作为竞技剑道重新兴起后继续发展，逐渐演变成了如今的剑道竞技，但其中已经很少有理法的存在了。

尽管同时设立了裁判规则和竞技规则，但许多人并不知道的是，在第二年（1954 年）应理法剑道家前辈们的强烈要求，在解说书第 1 页的开头插入了"剑道的理念"。这一理念强调"通过修炼剑的理法来塑造人格"，而剑的理法正是隐藏在日本剑道形中的前人精心研究的成果。这是在告诉读者要精通这些理法并领略高格调的剑道。在解说书的第 21 页还写道："修炼日本剑道形就是在让人熟悉理法。"

然而，在竞技剑道中只要击中一次打击部位就算胜利的情况下，并不存在前人所强调的"剑的理法"。因此由不懂日本剑道形的理法的升段审查员来进行"理法之剑"日本剑道形的审查，就显得非常不合逻辑了。在这样的升段审查中，即使不了解日本剑道形所包含的剑的理法，也能只要按照形的顺序准确无误地演武就能合格，这难道不是很不合理么？因此可以说"教士七段""范士八段"仅仅是竞技剑道的段位与称号，与真正的剑道无关。

在日本最早 37 岁以后就能接受七段的审查，因此现在日本持有竞技剑道七段资格的剑道爱好者很多，但与此同时，我们也应看到其中存在的问题和挑战。近年来,越来越多的中国人开始对日本的武道感兴趣,他们接受日本剑道爱好者的竞技剑道指导,并举办了剑道冠军赛。看到中国的剑道爱好者越来越多,我感到由衷的高兴。作为一项体育运动,竹刀竞技本身并没有任何问题。然而,我们需要认识到竞技剑道与理法的剑道之间存在着巨大的差异。我希望人们能够充分了解这一背景后再去享受竞技剑道。

与韩国和日本相比,中国的竞技剑道家较少。韩国和日本都有很多高段位的剑道家,因此没有指导者不足的问题。然而,在今天,中国竞技剑道四段的人数还不到 50 名,这明显限制了剑道在中国的发展。如果我们一直依赖韩国或日本的爱好者的指导,那么我们将无法取得进步。由于竞技剑道中并不包含理法,所以它很难战胜理法剑道。如果我们修炼了理法的剑道,我们就可以做出不让对手打的理法之构,随时都可以轻松击败竞技剑道的对手。

当我因缘分来到上海的剑禅社担任师范后,我意识到自己的命运就是在中国发展剑道。在我前妻去世后,我偶然对山东省青岛市的观光旅游产生了兴趣,这也是我与中国结缘的开始。我人生中第一次接触的中国人就是旅游时的导游,她是一位已婚女性。正是与她的缘分成为我现在与中国连接的桥梁。我本没有再婚的打算,通过她的介绍,却不经意间与一位生于青岛、擅长烹饪的优秀年轻女性结了婚。

我本来是独身一人,但婚后我不仅有了妻子,还得到了一个养女,我的亲人变多了。从那时起,我开始了往返于中日之间的生活。后来,在青岛市指导剑道的一位 30 多岁的烟台剑道爱好者将我推荐到上海的剑禅社担任师范。由于剑禅社的社长也想学习真正的剑道,所以我们以指导者和弟子的关系结缘。对我来说,我找到了最适合的归宿。

作为一名日本剑道家,我真心感到中国人学习日本剑道是一件跨越国界、促进中日友好的事情。我是一名剑道家,绝不是一位不懂理法的剑道竞技者。我坚信,正是为了在中国剑道界传播即将消失的日本传统"理法之剑",我才会拥有中国妻子并成为上海剑禅社的指导者。

我几乎熟读了所有日本剑道范士写的书。总的来说,它们本质上都是传授"如何更快攻击"的经验竞技剑道书,内容更像是体育老师写的竞技体育。尽管这些书的作者都是剑道范士八段,但他们多属不懂理法剑道的竞技剑道爱好者。再认真学习这些书,学到的也是竞技运动的经验总结。"天之理""从天去我""无碍自在""利自利他",这些自古以来传承下来的剑道的奥秘和精华都包含在我的书中。如果我的书能够对中国人学习剑道和提高技艺有所帮助,我会感到非常荣幸。

我衷心希望有一天中国能够脱离世界剑道联盟的限制,将从日本消失的"理法的剑"作为中国人独特的剑道进行学习、传承和发展,最终形成自己的优势。

心、技、体

先人有云"步步是道场",因此,缺乏练习的人的内心也同样缺乏历练。每日都应保持练习的状态,若缺乏练习,在遇到状况时则无法保持平常心,无法将自己的水平百分之百发挥出来。若在升段审查时失去平常心,这正是在此之前因内心愚钝而疏忽每日练习的结果。

剑道的修炼是一个不断提升自己的"位",并追求心、技、体之美的过程。这与竞技体育追求的目标——更快、更高、更强——有所不同。剑道之美,体现在形之美、色之美以及那种击中内心的深邃之美,这是一种语言难以描述的深奥无形之美,它是充满魅力的武道艺术。

在平成四年(1992),笔者有幸与时任全日本剑道联盟副会长的范士九段的鹰尾敏文老师切磋,并在之后获赠了一幅书法——上书"常无欲可观天妙"。所谓"天妙",即理解我们每个活在自然界中的个体是怎样的存在,也就是了解自己。若谨遵老师教诲并勤于练习,则必然能逐渐体会"天之理"——在运动中放下自己的身心,如同日常动作一般击剑。宫本武藏所说的"从天理",即是剑之理法,也是剑道修行的根本理念。

简单来说，当我们往前出左手时，右脚会自然地迈出一步，而左脚则保持不动。在走路时，两手随着步调前后摆动，但两胁并不会打开。所谓"胁下太松了"[①]这句话指的就是做出了不必要的动作。无论是打面、打小手还是打胴，如果不能顺应自然的动作做出打击，那就不能算是真正的"打"。

在剑道练习中，应学习的内容包括"三杀法""三种不可放过之处""三先""三礼"等，这些也是剑道笔试中经常出现的问题。我们应避免沉迷于修炼招式，乱挥竹剑。"一击必杀"才是剑道的真谛。迟于对手就会导致败北，这个道理应该很容易理解。当做出格挡或应招的动作时，如果内心已经动摇，那就已经输了。"对手打来时，内心动摇即为负。"

"新明一刀流"的精华是"同时互击之先"。在练习时，务必要把此精华融会贯通。

对于尚不熟悉剑道的青少年或初学者来说，仅仅追求挥舞竹剑打到对手的体育剑道也未尝不可。但对于真正的剑道来说，身与心的投入是非常重要的，必须终生贯彻练习。无论是出于其他的兴趣爱好还是消遣而放弃剑道时，所做的一切即会化为"零"。为了避免所有努力白费，就得坚持下去。通过持续练习剑道，人生也会因此豁然开朗。所谓人生，就是领悟立身于人类社会中的自我的存在。

水平低的人有两种类型：一种人知道自己水平低但愿意提升，另一种人则不知道自己水平低且难以进步。前者可以通过正确的指导达到更高水平，后者则可能难以挽救。

---

① 原文为"脇が甘い"。相扑用语，用于表达对手两胁夹紧的力太小，防御不扎实。——译者注

　　在修行中最重要的事情就是领悟自我，由此诞生了"礼仪"的概念。宫本武藏在修行时曾说："神可敬而不可求。"如果对老师做出失礼的事情或同门之间不以礼相待，则没有资格练习剑道。"以礼始、以礼终"才是剑道的真谛。

　　关于招式的练习有"守破离"的说法。仅凭手上技巧是无法获得真正高超的打击技巧的，应记住身体也是武器的一部分。双手应紧贴身体并将身体与手上动作合二为一，再加上"无心之心"，自然就能做出漂亮的打击动作了。

　　通过不断练习可以将打击方式从"守"的阶段提升到"破"的阶段，如果想要更上一层楼——达到"离"的境界，则必须使"心"顺应剑之理法。所谓"心"指的是以自己无心、无欲之心使对手内心动摇，或者说将对手心理活动的"先"加以抑制并打击。唯有对"心"的修炼才是通往更高水准的阶梯，将之习得的过程就是剑道的练习过程。

　　宫本武藏又说："以步伐与心为中心，当我方与对方都出手打击时，打击对手念头中的'打'字刚冒头之时。"其背后的原因是，当人仅专注于打到对手之时，心中必然会生出能成为破绽的间隙，从而招致被打。因此还有句古训叫："不要想着打对手，而应专注保护自己。"

　　全日本剑道联盟设定的比赛规则中规定了开始线，以避免蹲踞起来之后直接就能打击。在如此远的距离开始，就应该先以气来进攻，尔后以剑来进攻。若能捕捉对手的内心活动的话，就能自然而然地发现打击机会，从而摒弃无效打击。剑道之姿必须美观大方，随时都应注意自己的站姿、打姿以及后姿（即背面看过去的姿态）是否良好，并勤加练习以保持优雅体态。

　　低层次的重复练习无论做多少都不会有显著效果，只会让原先就不高的水平变得更低。若是放任自流，则结局往往是放弃剑道，也就是从原来的人生轨道上"脱落"。因此，"剑道乃形成人格之道"指的也许就是保持无心、择善固执、坚持不懈、尊敬对手以及重视人际交往等品质的培养过程。

从《五轮书》中学习

在众多教材中,我们可以发现,明治之后的许多著名的老师经常引用历史上高超剑客的秘传书籍内容。宫本武藏在其生涯晚期所著的《五轮书》对我们剑道修行者来说,是一部至高无上的教科书。

当我初次阅读《五轮书》时,尽管对文字的理解尚不深刻,但我能够用心感受到其中所要传达的深刻内涵,并深信它能帮助我提升自己的"位",因此我对这本书愈发爱不释手。

在《五轮书》的原文中,宫本武藏多次敦促读者要"勤加锻炼",并有"千日练成,万日完善"这样的至理名言。总的来说,兵法的修炼要求我们"仔细分辨""勤奋练习""深入品味"以及"全心体会"。此外,特别重要的是,我们应以对决时的姿态来要求自己在日常生活中的举止,使日常姿态与对决姿态完全一致,实现二者的完美融合。

宽永十八年(1641)二月初一,宫本武藏向他的主公细川忠利提交了《兵法三十五条》。在细川忠利去世后,宫本武藏在宽永二十年(1643)至正保二年(1645)间,于今熊本市西方的金峰山灵岩洞中隐居,并在此期间完成了《五轮书》的创作。之后他将此书传给了弟子寺尾求马助胜信。

提交给主公的《兵法三十五条》尚有不完善之处,但在《五轮书》中,宫本武藏全面而详尽地总结了所有方面:

第一卷"地之卷",列举了"二天一流"基础的九条思考方式。

第二卷"水之卷",涵盖了与对手战斗的三十七种情况。

第三卷"火之卷",将"二天一流"兵法的全部内容拆解为二十七个条目进行详尽解释。

第四卷"风之卷",比较了"二天一流"与其他流派的剑法,并列举了"二天一流"的九个优点。

第五卷则以描述"空"之境界作为结尾。这种地、水、火、风、空的分章方式,颇具佛教思维特色。

简而言之,读者应持续修炼,牢记"千日练成,万日完善"的箴言。

武道并非仅通过他人的传授或单纯的头脑记忆来掌握,它必须通过个人的体验和领悟来修炼。在修炼的过程中,引导并发掘自己内在的潜能,这才是武道的真谛。通过这种自我修炼的方式,最终可以实现塑造和完善人格的目标。这一过程,即剑道的精髓所在。

剑的存在并非为了伤害他人,而是为了修炼和完善自我。我们可以进攻,但并不一定非得出手打击;我们可以选择在对手挥剑斩来时,化解其攻势并反击。剑道修行者年轻时,往往依赖气势和力量进行战斗,然而随着时间的推移,会逐渐领悟所谓的"心法"。

《五轮书》中包含了大量关于在打击和练习时应保持何种心态的指导意见。剑道之法可分为技法和心法两部分:技法在"水之卷"中有详细的阐述,而心法则贯穿全书各卷。因此,热爱剑道的朋友们应该深入阅读并研究《五轮书》。

　　宫本武藏在向肥后熊本藩主细川忠利提出《兵法三十五条》建议时说道："究极的境地可谓万里一空，这种境界难以用文字表达，除了通过自身不懈的修行去达到之外，别无他途。我虽可随时为你答疑解惑，但终究还是要靠你自己去领悟。用禅宗的话来说，这就是一种'不立文字，拈花微笑'的境界。"

圆明流秘传书《兵道镜》

　　圆明流秘传书《兵道镜》为宫本武藏于 22 岁时所著的兵法秘籍，共二十八条。与其后所著的《兵法三十五条》同为《五轮书》的前身。由于内容较多，在此也仅列出目录。

一、心态　　　　　二、着眼之处　　　　三、太刀取样
四、积太刀合　　　五、运足　　　　　　六、身悬
七、指合切　　　　八、转变之位　　　　九、打落位
十、阴位　　　　　十一、阳位　　　　　十二、位积
十三、定可当　　　十四、先悬位　　　　十五、切先返
十六、足打位　　　十七、手打位　　　　十八、切先外位
十九、乘位　　　　二十、擦足　　　　　二十一、真意
二十二、有无二剑　二十三、手离剑打样　二十四、多敌位
二十五、实手取　　二十六、太刀刀贯合样　二十七、是极一刀
二十八、直通之位

圆明流天下一 宫本武藏守 藤原义经
庆长十二年十一月吉日

　　据传,宫本武藏所书的"圆明流"印可状①及《兵道镜》,同时传给了播州龙野的圆光寺住持之弟多田半三郎及落合忠左卫门。

　　"二刀的目的":首先,为了习惯单手使用太刀,因此通过练习二刀的形式来掌握单手挥刀。

　　"双手使刀的不利之处":用双手使刀是非常不利的,例如骑马时、奔跑时……当左手持弓、枪或其他武器时,就只剩下一只手来握刀。因此,双手握刀并不是正确的方式。

　　"武藏常住之姿":(宫本武藏)讨厌洗脚、冲澡,一生都不曾沐浴过。外出时则裸足出行。衣物被弄脏时也仅仅只是简单擦去。因此他的衣服总是脏的。

　　"接触诸艺":当理解了兵法之理并运用于实践时,毫无疑问一定能获胜。

　　由于兵法极为深奥,因此需要通过多种途径来体悟。即便是日常简单的劈柴,也可视作修行的一部分。

　　在德川幕府的第三代将军德川家光统治时期,武家之间兴起了一股建造庭院的风尚。而在那之前的十年,宫本武藏就已在他逗留的今兵库县明石市为多个武家建造了宅院。其中本松寺的庭院至今仍得以保存,供人游览。

　　此外,位于京都市南区的车寺内,珍藏着据传为宫本武藏亲手所绘的400多幅书画作品。而在熊本市的岛田美术馆,宫本武藏的杰作——水墨画《枯木鸣鹎图》更是备受赞誉,其精湛的

---

①　"印可状"是指在禅宗、武道等领域由师父授予弟子的得道证明。——译者注

绘画技艺赢得了极高的评价。

宫本武藏曾言："在行诸艺诸能之道时活用兵法之理，万物于我皆为师。"这句话的深意在于，无论从事何种活动，只要灵活运用兵法的原则，便能事半功倍，顺利达成目标。

《独行道》

一，不违背人世常理；

二，不依赖他人；

三，不贪图享乐；

四，一生无欲心；

五，自身之事皆无悔；

六，不嫉妒他人；

七，分道扬镳之时亦不伤悲；

八，己事也好、他事也好，皆不抱怨；

九，不沉迷于恋慕之情；

十，诸事无偏好；

十一，对居宅无所要求；

十二，不贪恋美食；

十三，不做有害自身的事；

十四，不占有世代相传的古物；

十五，兵器不求无谓的极品；

十六，为得道不惜一死；

十七，老来不贪财；

十八，敬神佛而不求之；

十九,始终心系武道。

正保二年五月十九日

新免武藏 玄信 享年六十二岁 逝

宫本武藏的遗骸被披盔戴甲地埋葬在熊本市郊外饱田郡五町手永的弓削村的靠近参勤交代①路线的街道附近。碑文上书"新免武藏居士之塔"。

宫本武藏生前留下遗言:"吾尝侍奉忠利、光尚二君,深受恩宠。死后愿继续拜见主君江户参勤之壮仪,以报生前之恩,守护细川家之安泰。墓址挑选在方便之处即可。"

五轮书(节选)

吾乃播磨国出身之武士,名新免武藏藤原玄信,今已年过花甲。多年来,我潜心修炼名为"二天一流"的兵法之道,然而,此前却从未有过将其整理成书的念头。

时值宽永二十年十月十日,当我登上九州肥后的岩殿山,参拜过上天、观音、佛陀之后,方才开始动笔撰写此书。

我自年少时便开始钻研兵法。十三岁那年,我初次与新当流的高手有马喜兵卫交锋,便取得了胜利;十六岁时,我更是战胜了来自但马国秋山的一位力大无穷的兵法家;至二十一岁,我踏上京都的土地,与来自四面八方的兵法高手切磋,屡次对决,均获得胜利。

---

① "参勤交代"是幕府的一种监督大名的制度,幕府要求各大名的妻子在将军居城居住(相当于人质),并且每年需亲自前往一次。——译者注

此后多年，我游历各地，与众多流派的兵法家一一过招。从十三岁到二十八九岁，我历经六十余次决斗，竟从未尝过败绩。

然而，当我迈过三十岁的门槛，回首过去的战斗历程，却发现自己的胜利并非因为我在兵法上已达巅峰之境，而仅仅是因为我技艺娴熟且始终遵循天理，又或是因为与我交锋的其他流派兵法存在不足。

有鉴于此，我更加勤勉地修炼和研究兵法。终于在知天命之年，我领悟到了兵法的真谛。自那时起，我便觉得再无可求之道。我深信，在追求各种技艺与才能的道路上，只要灵活运用兵法的原则，便能无师自通，洞悉万物之奥秘。

如今，我所撰写的这本兵法书籍，既不会引用佛教、儒家的古老箴言，也不会摘录军史、军书中的陈年旧事。它仅仅是我对本流派兵法的独到见解与实践经验的总结。

地之卷

所谓兵法，实乃武家之根本法则。非但将领需深谙此道，即便普通兵卒，亦应有所涉猎。然而，观今世之武士，竟鲜有精通兵法者……

想要学习本兵法的人应遵守以下原则：

一，须心无邪念；

二，须勤勉修习"二天一流"之兵法；

三，须广泛涉猎各种技艺；

四，须深入了解各行各业之道；

五，须明辨世间得失之理；

六，须锤炼洞悉真相之眼力与鉴别力；

七，须能洞察常人难以觉察之细枝末节；

八,即便琐碎之事,亦不可轻忽懈怠;

九,不为无益之举。

空之卷

"空之卷"乃是对"二天一流"兵法之精髓的深刻总结。所谓"空之心",便是指内心达到一种空无一物、无知无觉的境界。然而,"空"并非意味着全然无知,而是指既能领悟"有"之真谛,又能洞悉"无"之奥妙……只要我们秉持率真、坦诚之心,广泛实践兵法之道,便能踏上一条光明磊落、宽广无阻的康庄大道。换言之,若以"空"为道,则世间万物皆可为"空"。

空有善无恶,智者有也,理者有也,道者有也,心者空也。

有构、无构

"构"①是剑道的基本,其主要作用是从心理和身体两方面使自己的进攻变得容易,同时让对手的防守变得困难。具体来说,"构"可以分为"气构""身构"和"太刀构"三种。在剑道中,一个完整的"构"应该同时融合这三种形式。

"太刀构"又被称作"五行之构"。在日本剑道形一本目至七本目的太刀刀法中包含了所有的构型。

"上段构" —— 一本目、五本目

"中段构" —— 二本目、六本目、七本目

"下段构" —— 三本目、六本目

① 即架势。——译者注

"八双之构"①与"胁构" —— 四本目

太刀之构

宫本武藏提出了一个深邃的概念——"有构、无构"。从字面意思来看，它似乎在说做出构型时应像没有构型一般，但实际上，这个概念强调的是不应拘泥于任何一种特定的构型。

宫本武藏在书中阐述道："在兵法的胜负之道中，先手与先手之心占据着举足轻重的地位。而如果一味地追求维持自己的构，则等同于静待敌方先手攻击，那便是落入了后手，这是不足取的。"此外，他还提到"构型的极致应体现在中段，中段的构型才是其本意所在"，并将中段的构型称为"常构"。这些观点其实都在传达同一个核心理念：我们不应被固定的形式所束缚。

即便是在无构的状态下，我们依然能够维持出色的"气构"与"身构"。当遭遇突发状况时，太刀应能迅速调整到最适宜的构型，这便是"有构、无构"之"构"的真谛，而这种精神与"极致无形"的精髓不谋而合。有些人可能会误认为"有构、无构"意味着构型没有实际作用，这种理解就过于片面了。

宫本武藏特别强调，在太刀之构中，"中段的构型才是其本意所在"，这一点值得我们深入体会和琢磨。

太刀之道

关于太刀的使用（"手之内"），前辈们留下了诸多深奥的箴

---

① 即"八相之构"，日文中两者发音相同，两种写法都有。本书以原作者的写法为准。——译者注

言。例如，"在打击的瞬间，手之内的感觉应该是握住并停住即将向前冲出的刀柄"，"只需将太刀抬起，然后让其自然落下"，"并非去打击对手，而只是将刀挥落"。这些箴言都强调了脱力的重要性。因此，在使用刀时，我们不是"打击、停住"，而是"挥"①刀。这也解释了为什么古代形容刀的量词不是"一本②""二本"，而是"一振""二振"。

泽庵禅师在撰写柳生流家传书时也写道："当用太刀斩向对手时，不应将注意力集中在打击上，而应忘却所有打击的技巧去进行打击。"在持刀时，小指和无名指发力的感觉类似于打伞。打伞时，这两个手指只需用力撑住伞柄，而不需要紧握。同样地，持刀时，这两个手指也应轻轻握住刀柄。

关于"手之内"的理解，可以这样想象：如果对手用四分力道猛烈攻击，你就用五分力道回击；如果对手用六分力道攻击，你就用七分力道回击。必须能够快速反应并施加相应的力量。

前人还有这样的说法："手之内不应过于松弛。"这意味着在构势时，食指不应伸直，但也不应过于松弛。食指应该紧密地贴在刀柄上，同时又不施加额外的力量。

持刀方法

在现代剑道教学中，通过日本剑道形中的"打太刀"、"仕太刀"双方互练的形式，教授了包含"五行之构"在内的综合刀法。然而，值得注意的是，剑道形中并未专门教授持刀方法，因此学员最终学到的握法和"构"可能并不准确。为了更深入地理解和

---

① 日文为"振る"。——译者注
② "本"为细长条状物的量词。——译者注

掌握正确的持刀方法，建议详细研读《五轮书》中"持刀方法"这一部分。

如果持刀方法不正确，那么所展现的"五行之构"将无法与剑道形解说书中所描述的刀法相吻合。因此，掌握正确的持刀方法是学习和提升剑道技艺的关键。

宫本武藏认为，剑道的最高境界是"万里一空"，或者说是"顺应天理"。他解释道："（天之理就是）将身体融入自然界的运动之中，以最自然的动作驱使手脚。刻意摆出的构型在面对对手的进攻时会土崩瓦解。请在修行过程中自行体会这一道理。如果有任何不理解的地方，请随时提出。"

接下来，我们将以此为基础，进一步探讨和论证正确的手部位置。

姿势与"构"

人在站立时，左脚或右脚微微在前，都是自然的状态。在行走过程中，以右脚在前的状态停下时的双脚姿势，即为中段之构的基础姿势。此时的步幅与正常行走时保持一致。

首先，确保双脚处于自然站立时的状态。如果仅使用单刀，左手应按照"太刀之道"中所描述的方法握刀，刀尖指向对手的"中墨"①或"正中线"。在此过程中，左手拇指的第一关节应位于肚脐前方大约一拳的位置。右手则仅仅作为左手之构的辅助手，手掌轻轻地贴在刀柄上。右手的食指和拇指应以能够轻松操控刀上下挥动的力度捏住刀，既不过于松弛也不过于紧绷。

---

① "中墨"原为土木用语，指的是用两人拉住墨线弹出来的中线，在剑道中引申为中心线。——译者注

最后,右脚向前迈出一步并停下,这就形成了中段之构。

由于左手的小指和无名指始终保持与刀柄的接触而不松弛,它们在挥刀时起到了稳定刀的作用。因此,无论竹刀如何上举、下落或挥动,左手持刀的角度都保持不变。从中段姿势开始,如果肘部带动左手和刀一同上举[1],就会形成"上段之构"。在这个姿势中,应该能够从左右双手之间清晰地看到对手[2](无论是左上段还是右上段都适用)。从左上段开始,降低左肘并微微收缩两胁,这个姿势就变成了"八双之构"。此时,右拳应自然地移至右脸颊附近。

从"八双之构"开始,右脚后撤,同时将左手移至右胁位置以降低刀尖,使对手无法看到刀身,这个姿势就是"胁构"。反过来,如果从"八双之构"开始,右脚向前迈出,并用刀尖控制"中墨"(对手咽喉的高度),那么又可以回到中段之构。最后,在不破坏构型的前提下降低中段之构的刀尖,就会形成下段之构。

在"五行之构"中,最重要的是保持左拳紧随左肩。在自然站立姿势下,当左手放到下段位置时,它应该恰好位于左大腿根部。

一些进行日本剑道形演武的高段位老师也并不能完全掌握正确的握刀方法、持刀方法和构型方法。当他们想要解刀[3]做下段时,如果左手是在身体正中央做中段构型的话,刀身就很难降低,这会导致他们采用左拇指按在刀柄上的握刀方式。即使勉

---

① 即保持两肘贴近身体,旋转肩关节带动双臂上举。——译者注
② "从左右双手之间清晰地看到对手"出自剑道形解说书五本目中的注释,意即双手不在正中间,不遮挡视线。——译者注
③ "解刀"即解除构,日本剑道形解说书中的定义是刀尖降到对手左膝下方3—6厘米处。——译者注

强降低了刀身,刀尖也无法低于膝盖,而是会停在更高的位置。然而,如果采用正确的左手握刀姿势进行解刀的话,刀尖就能非常容易地降至对手膝盖下方3—6厘米的位置。此外,如果左手在身体正中央做上段构型时,在双手完全举过头顶之前,视线会被刀和双手遮挡住,从而无法看见对手(请仔细观察演武过程)。

那些不了解左手握刀秘诀和太刀之道的演武者在表演剑道形"仕太刀"时,会在以下几个动作中将刀水平地举过头顶:一本目中躲避"打太刀"的斩击、二本目中以下段躲避斩击并准备取上段进行反击,以及五本目中以上擦打小面的动作。然而,在左上段、右上段中,刀身应与地面呈45°角,而不是水平的。从构型开始做一拍子的"回避、打击"动作时,刀身向后水平躺倒的根本原因是演武者没有理解"手之内"的真正含义,希望在练习过程中能够自行体悟到这一点。

"构"的基本是中段

在"刺面""流水斩""机缘击""太刀之道"这些篇章中,每一种情形都强调刀尖不能离开"中墨",只要能够抢占先机,便能轻松取得胜利。若刀尖偏离"中墨",无论是压制先机、发动进攻,还是进行一拍子打击,都将无法有效实施。

太刀构与太刀握法一样,都存在着"活"与"死"的概念。让刀"活"起来的关键之一,便是左手握刀与停刀时的"手之内"技巧。在剑道形一本目的备注中提到"所谓打即是斩",能够掌握这一基本原理便已足够。

关于"如何取得中墨",在剑道形三本目的"仕太刀"部分有着充分的展示:首先化解对手的来刺,然后顺势以刺击发动进攻,接着继续出左脚保持攻势,最后以小步前进的方式将刀尖直指对手的眉心。这种进攻方式被称为"位攻"。在整个过程中始终占据中线,有效压制对手的动作,这正是宫本武藏所说的"枕押"战术。同时,这种战术也完美体现了"(使自己)易于进攻、(使对手)难于防守"的战术理念。

请各位在修行中自行体悟。

关于"悬、待"①

"悬待一致"的说法并不能从字面意思上简单理解,因为"悬"与"待"并非完全一致,而是指两者之间的差距逐渐缩小,直至充盈于整个身体。

如果将"悬"和"待"视为一致,那么身体就会变得僵硬,既无法发起进攻,也无法等待机会,从而无法进行任何有效的动作。实际上,"悬即待"的状态存在于"云耀②之间",这是一种既可以是进攻又可以是等待的"空"的状态。宫本武藏所说的"机缘击"中就蕴含了"悬即待"的理念:当刀与刀相碰时,需要应对对手的动作("待"),同时在气势充盈的瞬间发起攻击("悬")。

举例来说,水鸟在划水时,水面看似平静,但实际上水下的脚掌正在激烈地运动。同样地,在进攻的气、刀、体处于"空之待"的状态时,虽然表面看起来沉静,但内部却隐藏着跃动的力量。这种状态下,可以在瞬间以云耀般的速度发起进攻。

---

① "悬"的日语为"懸かり",意为主动发起进攻,而"待"与之相对,意为被动等待对手来。——译者注

② "示现流"中对出刀速度的描述。脉搏跳动四下半的时间称为"分",八分之一分称为"秒",十分之一秒称为"丝",十分之一丝称为"忽",十分之一忽称为"毫",十分之一毫称为"云耀"。——译者注

在"柳生新阴流"中，"无刀取"技巧就是借助这种"悬即待"的状态，迅速扑入敌人怀中并夺下其兵器。

所谓"悬"就是进入斩切的动作，而"待"则是进入斩切动作之前的过程。当对手看到这种"悬即待"的状态时，会感到如同巨石即将落下般的恐惧，从而内心产生犹豫。如果对手选择通过出手打击来打破这种状态，那么就会暴露出破绽，不知不觉中便会被击败。调动对手并等待其即将抬手打击的过程就是"待"。

"悬待一致"也被称为"悬待一如"，这个理念不仅在剑道笔试题中经常出现，还与许多剑道箴言相通，如"舍身才有出头之日""一刀必杀""初手的一太刀"等。这些箴言都旨在使人形成"一动即打"的心态和身体构造。如果对对手的动作有一分一毫的等待之心，就会落后于对手。刻意摆出架势的念头就是等待之心，这往往会导致失败。

我们应该利用"观之目"（观察整体而非聚焦于某一点）来仔细观察对手的动作，通过调动对手来取得胜利（"悬"）。要战胜对手，首先需要战胜自己（在"待"中隐藏着"先之悬"与"先先之悬"），再切实地战胜对手，也就是先要进入随时都可发动攻击的状态。"见之目"较弱，所以应避免注意力拘于一处。只有自己保持无拘无束的状态，才能使对手动起来。

简而言之，打击的顺序是先迈出一步来缩短距离，将打击（"悬"）与准备（"待"）的心态放在一边，在清楚了解对手的动向后再迈出第二步迅速发起打击。

"悬即待"可以说是一种悬中有待、待中有悬的一触即发的状态。

山海之替（火之卷）

所谓山海之替，指的是在与对手战斗时，不宜重复做同样的事情。在不得已的情况下，或许可以重复一次，但绝对不能出现第三次。当你使用了一次招式却未能奏效时，那么再次使用同样的招式也很可能不会成功。此时，应采取完全不同的手段去进攻。如果新的手段仍然不够有效，则应继续变换策略。

让对手误以为是山，实则却是海；让对手误以为是海，实则却是山——这才是兵法的精髓。请深入体会这一思想。

在剑道中，"山海之替"的理念可以理解为，攻击了对手的面部之后，不应再次攻击同一部位；相反，应该采取交替攻击的策略。例如在攻击了小手①之后转而攻击面部，攻击了面部之后再转而攻击身体其他部位，即使再次攻击面部，也绝不应该出现第三次连续攻击，这就是"山海之替"的实践应用。

有些选手因为擅长攻击面部，就反复针对该部位进行攻击，这种做法显然违背了"山海之替"的原则，显示出他们对这一战术理念的理解还不够深入。

在实际战斗中，攻击了小手之后，必须选择其他部位进行进攻，以保持战术的灵活性和多变性。

———————————

① 指手部。——译者注

机缘击（水之卷）

当我方出手打击，对手进行格挡或拨开时，我们可以借力再挥出一刀，顺应太刀之道，灵活击打其头部、手部或脚部中的任意一处，这就是所谓的机缘击。在战斗中，应将任何可能出现的情况都视为打击的机会。请务必仔细判断并抓住这些机会。

以上段落旨在指导我们如何把握打击的机会。无论是在我们主动发起攻击时，还是在响应对手的攻击时，都应以此为契机，连续发动进攻，直到将对手击倒为止。

在剑道的实际练习中，当两刀相接的瞬间，我们应保持气势不松懈，并继续做出第二、第三下的连续打击，这一点至关重要。但遗憾的是，能够打出这一连串打击的人并不多，大多数人只打一下就回到原位，错过了继续进攻的良机。

事实上，两刀相接的瞬间正是最佳的打击机会，我们绝不能错过这样的良机。所谓"机缘击"中的"缘"，指的就是与对手太刀相触的那一刻。简单来说，"机缘击"就是在与对手太刀相触的瞬间，迅速做出打击。此外，还有一个说法叫"动即打"，意思是一旦对手做出动作，我们就应立即还击对手。

古训有云："主动出手时打击，对手响应瞬间打击，持续打击直至决出胜负。"这句话也强调了把握机会、连续进攻的重要性。

刺面（水之卷）

在对决时，必须时刻抢占先机，在对手出刀与自己出刀的间隔中,用刀尖刺向其面部,这一点至关重要。拥有这样的意识,可以将对手的面部与身体置于不利的位置。一旦成功使对手处于下风,便能创造出各种制胜的机会。请务必努力练习,以掌握这一技巧。

所谓"刺面",就是用自己的剑尖刺向对手的面部。如果始终保持这种刺向对手面部或手心的气势,对手就能从剑尖上感受到强大的威压,从而自然地想要回避视线,甚至产生逃离的冲动。这正是我们掌握胜利的关键时刻。

"刺面"所代表的精神集中,在我们日常生活中也是一种不可忽视的状态。同时,它也体现了为人处世的一种礼仪。例如,在与人交谈时,我们的视线应始终聚焦在对方的双眼上。

虽然各古流剑术中对"刺面"的具体表现方式不尽相同,但它们都强调瞄准一个点进行攻击,并高度重视精神上的压制。这种精神上的压制,往往能在实战中发挥至关重要的作用。

"刺人中"	刺鼻子下方尾处,即脸的正中	柳生流
"以刀锷贯穿面部流"	用刀锷贯穿脸的正中线上的任意处	神道流
"占据中墨,不离开中墨"		宫本武藏

在稽古①中,如果剑尖一直上下起伏不定,那么当对手发动进攻时,你将无法做有效遏制,只能被动地格挡或招架,从而陷入后手,根本无法抢占进攻的先机。当你意图主动攻击而抬起剑尖时,在抬剑这一"起动"过程中,你的小手很容易暴露并成为

---

① "稽古"指继承古人的精神去练习。——译者注

对手打击的目标，或者你的胸部会因缺乏防御而被刺。在这种情况下，别说抢占先机，未被打中都已是万幸。

在日本剑道形三本目中，"仕太刀"首先要化解对手的刺击，然后回刺，接着出左脚向前走两三小步，将剑尖指向对手的眉心，向对手传递出"要是你敢轻举妄动，我就刺过来了"的明确信息。此时的身体姿态和剑尖的指向完美地诠释了"刺面"的含义。

剑尖应该时刻保持指向对手的正中线，无论你想要执行什么动作（包括进攻、应对对手的抢先攻击等），如果你能够把控中线，就能使对手难以防御，而我方则更易于发动进攻。合理的打击方式应该是先通过位攻①暴露并抓住对手的弱点，然后在一个节拍内迅速发动打击。

在打击过程中，一定要有意识地避免让对手看到竹剑之腹（下侧部分）。如果让对手看到了剑腹，就意味着你暴露了打击的"起动"，这可能会被对手捕捉到并来打击你的小手或者架开你的剑后攻击你的身体。因此，你应该尽量做出让对手难以应对的动作。"刺面"这一概念可以这样理解：在进攻时，不要抬起右腕，而应该通过腰部和左拳的协调来"刺击"对手的正中线，即制止对手出手打击的"起动"，制造破绽，然后再发动打击。

岩磐之身（火之卷）

所谓岩磐之身，指的是当一个人深谙兵法之精髓后，能够突然使自己变得坚如岩磐，不为外界所动。口传。

---

① "位攻"即占据"先"之"位"。——译者注

"岩磐之身"意味着即使身体保持静止,内心也能变得强大无比。在面对重大事件时,依然能保持镇定,毫不动摇。这种状态被称为"不动",它能给对手带来极大的恐惧,然而达到此境界者却并无恐吓对手的意图。这正是"无"的境界的体现。

以"无心"之态面对对手,同时又能持续释放出威严感,这才是"岩磐之身"的真正内涵。想象一下,在山谷间的小道上方,有一块凸出的岩石。经过此小道的人必然会担心岩石落下,心怀恐惧地通过。那么,这块石头在思考什么呢?实际上,石头并没有"落下"或"不落下"这样的思考。它虽然没有思考,但却能切实地让对手产生恐惧感。这块岩石的存在,就象征着"岩磐之身"。要达到能让对手产生面临岩石即将倾覆的恐惧感,需要大量的修炼和实践。并非仅仅像石头一样静止不动就能达到这种效果,而是应该"动摇对手的内心,而自己保持无心之境",同时还要领悟并实践《猫的妙术》①中所阐述的要点。最后要牢记的是:"当对手发起攻击时,若内心产生动摇,便已宣告失败。"

流水斩(水之卷)

流水斩指的是在与敌人对峙时,抓住对手想要迅速后退、抽身或将刀拔开的时机,舒展身心,身体先行,随后缓缓挥出刀,仿佛有所停顿一般,以大力动作进行打击。若能掌握这一招,进攻将会变得非常容易。其中的关键在于能够准确分辨对手的"位"。

---

① 出自野村瑞城著《泽庵与不动智的体现》,网上已有译文。——译者注

　　举例来说,"担击技"就是利用了上述所说的时机。先将刀"刷"一下担到肩上,观察对手的反应再行动。如果对手防守面部,就打击其小手;如果对手防守小手,就打击其面部。在这种微妙的时机中,隐藏着打击的好机会。

　　故意让对手看到我们的打击意图,然后利用微小的时间差打击对手的空虚之处,即可成功。然而,面对强敌时,这种打法可能难以奏效。如果对手能被我们的招式所调动,那么我们就可以自如地打击其面部或小手;一旦对手对我们的招式无动于衷,那么这种打法就可能会自掘坟墓。宫本武藏所说的"应下功夫好好修炼",正是体现在这里。

　　在保持中段之构不崩解的前提下,利用"气"与"竹刀内侧刀镐"杀入打击距离(根据对手的反应而动,也可以直接刺击)。如果故意将目光置于对手的刀锷处,而对手又恰好想要出手打击,那么对手会出于担心小手被打而做出防御小手的动作。此时,我们可以趁机打击对手的面部,这就是让对手误以为是小手而实为面的战术。

　　必须牢记的是,当对手的"位"比自己更高时,即使我们采取这样的进攻方式,对手也不会轻易动摇,反而可能会导致我们的刀被压制或被"杀掉"(也就是通过压制来化解)。因此,这一点必须在练习中仔细体会。

　　之前提到的将目光置于对手刀锷的战术中,我们可以将刀尖从对手的刀锷(从对手的视角看)左侧经过其刀下方转到右侧进行进攻,在里侧压制对手,形成打击小手的气势。一旦对手想要拨回刀,我们随即抽离刀并打击其面部。

　　在进攻对手时,我们应始终做到压制并把控其出手的起点,打在其行动之前。如果我们无法取得"同时互击之先",那么将难以取得胜利。

枕押(水之卷)

"枕押"意指阻止对方的头部从枕头上抬起。在兵法胜负之道中,受制于人是非常不利的。最理想的状态是通过某些策略灵活地调动对手。然而,对手也可能抱有同样的想法。因此,如果我们不能理解对手的行为,就很难实现自己的意图。

通过兵法,我们可以实现阻止对手的打击、压制对手的刺击、破坏对手的架势等目标。

在我所理解的兵法中,"枕押"的含义是:在与对手交锋时,无论其有何意图,都要在其实现之前看穿并阻止。例如,当对手心中刚产生"打"的念头时,就立即将其扼杀在摇篮中,从而阻止其后续的行动。这便是"枕押"的核心理念。

用通俗的话来说,"枕押"就像是在别人正要起床的时候按住其头部,使其无法起身。即使是那些站立时能发挥出强大力量的人,在刚刚起床的瞬间也是毫无力量的,这时候甚至一个小孩都能轻易制服他们。

从兵法的角度来看,"枕押"就是在对手想要"打"或"斩"的念头刚刚萌生时,就立即将其压制下去。简单来说,"枕押"可以理解为打击对手的出击意图,以及挫败对手的起始攻击动作。

不仅在现代剑道中有"出端手""出端面"这样的技巧,在拳击中也有类似"counter-punch"这样的高招。这些技巧都是以较小的力量制服较大力量的玄妙之法。

秋猴之身（水之卷）

秋猴之身的理念强调的是避免过早将手伸出。在接近对手时，不能有丝毫伸手的念头，而应在对手打击之前迅速且紧密地接近。如果想着伸手，身体就会滞后。正确的做法是让整个身体一起迅速缩短与对手的距离。让身体从一臂能及的距离内迅速接近是很容易做到的。请仔细体会这一点。

秋猴是一种手臂较短的猴子。在天冷的时候，秋猴会把手缩到身侧，蜷缩成一团。在这种状态下，它无法迅速伸手，但遇到突发情况时，它的身体总是会在伸手之前就开始行动。包括剑道在内的许多体育运动，我们都能观察到同样的现象：如果手先往前伸，身体就会跟不上，这是运动的基本原理。在剑道中，这种情况会导致与对手的距离变远。

我们应该极力避免仅用手或小臂进行的打击。无论如何，"气剑体一致"中的"体"如果缺失，就无法形成有力的整体打击。

有句谚语说："对决时，不要用刀打，不要用手打，应保持上半身的稳定①，用脚打。"在剑道中，我们不能想着仅用手或用刀去打击。与对手对峙时，我们自然会想要尽快打到对方，但即使将竹刀向前送出，如果身体不跟进，那就不算是真正的打击。

自古以来流传的说法都认为，我们应该以腰腹为核心，用脚来发力打击。这也是宫本武藏说"如果一个距离伸手能够到，那

---

① 原文为"胴造り"，多见于弓道，指的是射箭时应站直站稳，避免上半身晃动而影响射击精度。——译者注

么身体应该能更迅速地到达"的原因。

新选组局长近藤勇还有一句教诲,可以被视为真剑决胜的必胜法则:"不要用刀来斩,而应该用身体的力量来斩。"

兵法的眼法

视野应尽可能地宽广。在"观"与"见"这两种眼法中,"观"的眼法更为强大,而"见"的眼法则相对较弱。兵法的特点在于能够视远如近、视近如远。即便眼睛不直视对手的刀,也能感知其动向,这一点至关重要,因此需要投入大量时间磨炼。以上所提及的眼法在小兵法或大兵法中都是通用的。

另一个要点是,要能够保持眼球不动,同时观察到两侧的情况。在关键时刻,这往往难以实现,因此平时需要勤奋练习,以确保在任何情况下都能维持这种眼法。请深入体会这一点。

在对决中,确定注视的焦点是兵法中的一个核心要素。上文已强调,我们的视野应该放宽,而不仅仅局限于某个局部。眼法包含"观"和"见"两种。"观"即深入观察,是一种能够洞察对手内心的眼法,因此也被称为"心眼",其力量相对较强。而"见"则仅仅是用肉眼去观察表面的现象,所以相对较弱。由此可见,锻炼出能够洞察心灵动摇的"观之目"至关重要。

宫本武藏在其所著的《兵法三十五条》中,就注视的焦点指出,因为所有的事物都会在人的脸上浮现出来,所以我们的视线应该聚焦在对手的脸上,这样才能清晰地把握全局。《五轮书》中也提到,我们应该采用一种从某一点出发但能够涵盖整体的眼法,视线不应在任何地方停留,而应该广阔而深远。这两种说法都强调了视线不应局限于一处，正确的眼法应该将整个战场都纳入视野。

"即便眼睛不直视对手的刀，也能感知其动向"，这一点也至关重要。换言之，我们的心不能被对手的太刀所迷惑。在剑道中，"心构"是一个关键要素，如果被对手的太刀引诱而做出反击，就等于自己露出了破绽，失败也就在所难免。

在不同的流派中，关于注视的焦点有各种各样的说法。有一种说法是，视线应该锁定在对手的"谷"（手臂第二关节的凹陷处），因为这个部位的移动往往预示着剑的动向。另外，当对手的右脚移动时，通常意味着他即将发动攻击。

我们用肉眼分辨事物的能力被称为"见之目"，而通过心灵（"心眼"）来洞察事物的能力则被称为"观之目"。显然，我们应该努力培养并运用这种更深层次的"观之目"。

其他流派的眼法（风之卷）

在其他流派中，关于着眼之处有诸多不同的观点，有的主张注视手部，有的则强调观察眼睛或脚步等。然而，当视线过分集中于某一特定位置时，反而可能受到干扰，成为实战中的一大弊病。

在踢球或表演能乐时，一个人如果非常熟练的话，他的身体会自然地运动起来，而不需要眼睛特地盯着看。

这实际上揭示了眼法的真谛：它不仅仅是用肉眼去观察，更重要的是用心去感受。这种境界只能通过个人的体验和大量反复的练习来逐渐领悟，别无捷径可走。所有的剑技都必须在持续的实践中,通过自我体悟来逐步提升。

兵法的拍子(地之卷)

一切事物都有其固有的节奏或者说拍子,包括兵法也同样。如果不经过勤奋的练习,则难以掌握兵法的节奏。有些节奏比较显而易见,例如舞蹈、声乐的节奏,都是优美的旋律。

在武道领域中,射箭、铁炮①甚至骑马都有其独特的节奏。在各种艺术和技能中,节奏都是不可忽视的要素。即使是"空",也有其节奏。

在武士为主公效力的生涯中,同样有上升期的节奏和衰落期的节奏,有顺利发展的节奏和遭遇挫折的节奏。在商业活动中,也有创业致富的节奏和家业衰败的节奏。无论在哪个领域,都会遇到与节奏相契合或相冲突的情况。因此,我们需要仔细辨别事物发展兴衰的节奏。

兵法中蕴含着各式各样的节奏。我们首先需要了解如何顺应节奏,以及什么是错误的节奏。在大、小、快、慢的节奏中,要能找出合拍的节奏、停顿的节奏,以及反拍的节奏,这是兵法相较于其他领域的独特之处。如果不能分辨出反拍的节奏,就无法精通兵法。

从兵法的角度来看,战斗中取胜的关键在于洞悉对手的节奏,并将对手意想不到的节奏应用于实战中。本书的每一卷都专门探讨了节奏的问题,请深入品味其中的内容并多加练习。

---

① 即火绳枪。——译者注

在一般的剑道指导中,所说的节奏通常指的是分解动作,比如在教授打面时会分成"一、二、三"三个步骤。而一拍子指的是将这三个动作连贯起来,"砰"一声打出去。如果按照这种形式进行打击,那么刀的拉回和打出的动作必然会暗合某种节奏。如果挥得太快,手脚的节奏就无法统一。因此,必须做到"气、剑、体一致",即身体和心灵都顺应同一个节奏进行打击。剑道的基本打击都是一拍子的节奏。

在生活中,最容易理解的节奏是打鼓的节奏,又被称为"鼓点",是一种慢速的旋律。与打鼓时手的打击节奏相似,在剑道中也存在着"直接打击""响应对手招式后打击""错开后打击"等节奏。

从一拍子打击延伸出去的二段打击、三段打击,以及其相应的心态、斩击后的残心[1]等所有的节奏,并不是越快越好。优美的挥击是建立在刀的协调以及人与刀协调的基础上的。

此外,书中还强调,除了剑道之外,能乐、骑马等活动也都有其独特的节奏。而所谓的无节奏并非字面意义上的没有节奏,而是在熟练掌握节奏的基础上,可以以一种"无心"的状态去执行某项任务。

太刀之道(地之卷)

通晓太刀之道,其表现就在于即使只用两根手指也能轻松自如地操控刀,这种境界只有深入熟悉刀的特性后才能达到。

---

[1] 指剑道中完成刺击动作后,或弓道中射出箭后,身体架势与精神准备仍不松懈。——译者注

太刀并不适合快速挥动，因为这与太刀的使用原则相违背。我们应该尽可能轻松地将刀沉稳地挥出。

挥刀动作的本质是手握竹刀的一端，使另一端动起来，这个过程并不需要过多用力。而"打"的本质则是用竹刀给予物体以冲击，这与"挥"是有所不同的。

在当前的剑道指导中，被称为"素振"的动作，其实更接近于"素打"。虽然多数人认为这种打击方式是剑道中最基本的，但从剑道的角度来看，这种看法并不合理。剑道形一本目中明确提到"带着刀柄一同斩落下来的气势非常重要"，斩切动作应持续到肚脐位置，刀尖比下段时略低。同样，五本目中也强调"应带着斩到下颚为止的意念"。因此，从剑道形的角度来看，在打击瞬间紧握竹刀的打法是错误的。

高段位的老师在指导中常会说"打击太僵硬了"，并给出"把刀停住""把刀握住"等建议，这其实是因为他们自己还没能领会不用力气的打击方法。观察他们前进后退的空挥动作，会发现他们在正面击打时，右手都是用力握紧的。

在高尔夫球和棒球中，击中球的瞬间也是球棒和球棍速度最快的时刻。如果在这瞬间停住球棒或紧握球棍，显然无法达到将球击飞的目的。这说明，"挥"和"打"虽然看起来相似，但实际上是有区别的。剑道形解说书中的一条注释"这里说的打就是斩"，可以说是非常贴切的描述。

另一个指导上的误区是将"拧茶巾"误解为"拧毛巾"，在打击瞬间双手像拧毛巾一样向内拧。这种动作会导致打击瞬间刀停住不动，因此不能被视为"挥"或"斩"的动作。正确的"拧茶巾"动作中，左手并不需要太用力握刀，而是保持能够继续拧动的程度；右手则以拇指根部向内拧，拧的时候手略微向前，但并不用力。相比之下，"拧毛巾"时双手都需要同时用力向内拧，这是完全不同的拧法。

遵循太刀之道，就是要在持刀时不违背刀的本性，使刀能够充分发挥其斩切的能力。"直刀"这个概念指的是刀刃以直角切入物体，如果左右两手施加额外的力量，可能会导致刀刃卷曲，无法顺利切开物体。正确的斩切方式是"将刀拉起，然后仅仅让其落下而已"。因此，实际上的手法并非直接打击对手，而是将刀挥落到对手身上。

这也是为什么在进行基础练习时，笔者不推崇空击，而是让学员实实在在地击打打击台。应时刻牢记，右手手掌在打击时并不需要紧握，而是应该顺其自然地挥下。通过这样的练习，可以更好地记住手部的感触。

成为敌人（火之卷）

"成为敌人"的含义是将自己想象成敌人，站在敌人的角度去思考。举例来说，当有盗贼闯入民宅并躲起来时，人们很自然地就会觉得这是个强敌；但从盗贼的角度来看，外面的所有人都是敌人，只想赶紧逃走。

龟缩着的是鸡，而果敢出击的是鹰。应好好下功夫磨炼。

在升段审查或比赛时，我们经常会觉得对手的水平都很高。然而，如果我们能换位思考，就会意识到对手可能也同样觉得我们很强。因此，即使我们不需要刻意去威吓对手，对手也可能会对我们心生畏惧。在这种情况下，我们只需要像老鹰一样，以堂堂正正之姿去战斗，就能像老鹰捕捉小鸡一样轻松地击败对手。

《五轮书》中还有名为"将卒之理"的一篇，其主要讲述的是在战斗中要展现出"吾为大将，汝为走卒"这样的"位"的气魄，来与对手过招。在剑道笔试题中经常出现的"四戒"——惊、惧、疑、惑，其实都是我们自己的心病。因此，只要我们以平常心去对决，就能够驱散这些心病。

总的来说，我们应该学会站在对手的角度去理解和把握对手的心理，然后以正直和勇敢的态度去战斗。

兵法之心态（水之卷）

在践行兵法之道时，我们应始终保持一颗平常心。这意味着，我们在兵法中的心态与日常生活中的心态应保持一致，没有丝毫区别。我们的内心应该保持宽广而通达，既不过于紧张，也不松懈，没有任何偏向，维持一种中正平和的状态。在静谧中，我们的内心可以微微动荡，但在那微动的瞬间，又仿佛未曾动过一般。这种微妙的状态，值得我们细细品味。

无论是在战斗中还是在平时的生活中，我们的心态都应保持一致。这同样适用于稽古时、比赛时乃至日常生活中的每一刻。因此，也有人提出"稽古如比赛，比赛如稽古"的观点。我们不能在稽古时被打到与胜负有关或无关的部位，都以一种无所谓的心态进行稽古，而一旦到了比赛场合，就满脑子都是"不能被打到"的想法，这样只会导致内心的动摇，进而影响到我们的进攻，使我们变得逡巡不前。

我们应该放宽心态，不紧张也不松懈，始终保持内心的中正平和。在静谧中，我们要带有一种微动之气，这样就能够毫不懈怠地应对任何突发状况。这就是所谓的"静中有动，动中有静"的状态，是我们在践行兵法之道时应该追求的心境。

横越津渡（火之卷）

所谓"横越津渡"，原指在海上航行时需要穿越的海峡。这些海峡有的狭窄，有的宽达四五十里。在人的一生中，会多次遇到类似"横越津渡"的挑战性事件。乘船通过海峡时，我们首先要了解航路、船的规格，以及天气情况。在渡海过程中，无论是否有其他船只同行，我们都应时刻掌握自己船只的位置，并根据风向灵活应对。若遇到逆风，但距离目的地只有两三里时，我们也可以选择使用橹或桨，手动划到对岸。同样地，当我们在人生中遇到困难和挑战时，也可以采用类似的方法来渡过难关。

在兵法中，"横越津渡"也是一个重要的策略。与渡海相似，我们首先要全面了解敌我双方的实力和情况。然后，根据上述原则灵活应对，以渡过难关。一旦成功渡过，我们就能获得更大的回旋余地和战略优势。

"横越津渡"这个策略，简单来说，就是抓住对手的弱点，迅速占据先机，以速度制胜。

无论是在大规模战争中还是个人对决中，"横越津渡"这个策略都非常重要。希望大家能仔细品味。

在剑道中，当对手猛烈地连续攻击时，我们必须集中精力，坚守防御。只要能够挺过这激烈的攻势，之后便会迎来更为有利的局面。

以乘船渡过海峡为例，当遇到大风浪时，船员必须全神贯注地掌舵，以确保船只不会翻覆。一旦安全通过海峡，便能满怀信心地驶向更广阔的海域。虽然此刻海面平静，但考虑到未来可能会遇到的风暴，因此"心构"不可松懈，要为可能的危险做好准备。

在日常生活中，"横越津渡"的理念同样适用。它意味着我们要保持一种无论面对任何情况都能从容应对的心态，同时在危急时刻能够竭尽全力，化险为夷。

在剑道的练习或比赛中，如果对手抢先发动攻击，我们绝不能让其轻易击中。应采取拨开、格挡或招架等技巧来突破这一困境，并在接下来的交锋中寻找取胜的机会。

步法（水之卷）

在移动脚步时，应使脚趾微微浮起，而后脚跟要踩实地面。步伐的大小和快慢可以根据个人的习惯和需要进行调整，但总体上，步伐应该保持自然，如同平时走路一样。除了这种基本的步法外，还存在一些其他的步法，如飞步、浮步和踏步等，这些都是不好的步法。

剑道中的所有步法都应该采用擦足的方式，即脚擦着地面进行移动。有些说法形容理想的步法应该像能乐①表演者的步伐一样优雅，或者像水鸟在水面滑行一样流畅。宫本武藏也曾强调过，在行走时应该让脚趾微微浮起，后脚跟踩实，这与现代

---

① 是日本一种具有悠久历史文化的戏剧形式。——译者注

剑道中后脚跟支起来的步法截然不同。

在运动中,我们应该保持重心的平行移动,这是确保身体稳定和力量有效传递的关键。同时,打击动作应该是身体各部分的协调并进运动,而不是依赖于跳跃或踮脚等违反运动原则的动作。这些不合理的动作不仅会对脚和腰部造成过大的负担,还会增加受伤的风险。

最后,一个重要的原则是"不能让对手看到脚底板"(即前脚掌不能翻得太高)。

三先(火之卷)

先机共分三种:第一种是我方主动进攻敌方之先;第二种是应对敌方进攻我方之先;第三种是敌我双方同时进攻之先。

当我方主动进攻时,身体应进入出击状态,关键在于协调步伐和心态,不张不弛,以此动摇敌方内心,此为"悬之先"。而当敌方进攻时,我们首先要做的是将注意力从自己身上转移,当敌我距离缩短后,要解放心态,随着对手的动作灵活应对,顺势抢占先机。最后,在敌我双方同时发起进攻时,我们应保持身体的力量与正直,这样才能确保在刀法、体态、步伐和心态上均占据优势。

抢占先机是至关重要的。

所谓"占据先机",可分为三种情况来讨论。

第一种情况,当我方主动出击、寻求打击对手时如何占据先机,这被称为"悬之先"。在此情境下,我们可以先保持一种平静的状态,然后在对手放松警惕时突然发动攻击,以迅雷不及掩耳之势占据主动。另外,我们也可以于表面上展现出强烈的攻势,但在内心深处保持冷静与余地,以便根据实际情况灵活调整策略。有时,通过加快步伐,以紧张而迅速的动作接近敌人,并发起猛烈的一击,也能有效地占据先机。甚至,我们可以始终保持一种淡然、无心的态度,以绝对的优势和自信碾压对手,这种心态的贯彻同样能够帮助我们抢占先机。以上所述,皆为"悬之先"的范畴。

第二种情况,当对手发起攻击时,我们如何巧妙应对并反占先机,这被称为"待之先"。例如,我们可以故意显露出稍显弱势的姿态,当对手逼近时,迅速拉开距离,制造出一种即将发动反击的势头,捕捉对手的防御中的松懈处,发动迅猛而精准的攻击。另外,当对手攻击时,我们也可以以更为强烈的气势进行反击,利用对手节奏混乱的瞬间,顺势扭转局势,占据先机。这便是"待之先"的精髓所在。

第三种情况,当双方同时发起攻击时,如何巧妙应对并夺取先机,这被称为"对对之先"。例如,当对手以极快的速度发起攻击时,我们应保持沉着冷静,以强有力的反击回应,并敏锐地寻找对手的破绽,一旦发现,便迅速而有力地给予决定性一击。反之,如果对手以沉稳的态势进攻,我们则应采取一种更为灵活多变的战术,通过快速的移动和略快的试探性攻击来扰乱对手的节奏,并在关键时刻果断出击,夺取胜利。这便是"对对之先"的策略。

无论什么战斗中的先机都可归到这"三先"之中。取得先机可帮助快速制胜,因此在兵法中占据先机是第一重要的事。以上所述虽然详尽,但实战中的情况千变万化,因此还需读者通过不断的实践和练习来深入理解和掌握。这"三先"的策略应根据实际情况灵活运用，顺应战场形势做出合理判断。值得注意的是，"三先"之中并非总是自己主动出手打击，关键在于如何巧妙地调动对手，使其陷入被动。

从理论上讲，无论我们采用哪种手段占据先机，只要遵循兵法的基本原理和策略，就能够在战斗中取得胜利。因此，希望读者能够认真领会并付诸实践。

以下是几种"三先"的实际运用场景。

悬之先

1. 对于从静止状态发起的快速打击，距离是至关重要的因素。例如，从一足一刀的距离开始，只要切先①略触及对手竹刀的物打部分，就应该立即打击，这点需要通过练习来积累经验。在打击时，应收紧手心，向对手做出刺击状，在身体大步向前跨入的同时最大限度地利用杠杆原理，快速发动小动作击面。

2. 另一种战术是从一足一刀的距离向前连续迈出两步，第一步迅速缩短与对手的距离，紧接着第二步就发动小动作打击。在进入打击范围时，应根据情况选择合适的攻击方式。

①从外侧接近时，主要目标是对方的面部；

②从内侧接近时，则主要攻击对方的小手、胴部或拨击面部。

无论选择哪种攻击路径，都必须精确观察对手在接近瞬间的动作，然后找准其破绽进行打击。

3. 从外侧进攻时，要保持冷静与从容。例如，在一足一刀的

___

① "切先"也叫作"锋"，是近刀尖处刃口部分，也是全刀最锋利的地方。——译者注

距离处,迅速将刀举过头顶做出攻击姿势,同时密切观察对手的反应。凭借直觉和经验判断对手的破绽,并果断发动攻击。打击虽然发生在一瞬间,但其中却蕴含着节奏的变化,这种打法被称为"二次跃出"①。

4. 内心保持紧张的状态,以稍快的步伐接近对手。例如,在一足一刀的距离处继续以步足进入。先出左脚,若对手大意未能注意到,则第二步出右脚的同时击面。根据对手反应不同,也可以灵活调整攻击目标为对手的小手或胴部。

5. 同样,如果采用送足的方式快速接近对手,右脚一步就能跨到对手的近身范围内,此时太刀应稍晚于身体动作形成打击态势。这一技巧需要精细的练习来掌握。

6. 内心保持紧张的状态,一口气做出犀利的进攻来取得先机。具体来说,就是从外侧向前一步进入的瞬间,一旦发现对手的切先或手上抬,就迅速打其小手。

7. 如果来不及攻击小手而对手已经迅速将刀举过头顶,则应转变策略攻击其胴部,随后进行体碰(撞人、推人)。

8. 如果因进攻过深而失去了打击的机会,应迅速调整策略,以直接冲撞对手为目标,快速贴近对手的身体。即与对手进行贴身近战,进入其无法有效打击的死角区域。在此过程中,如果条件允许而以刺击的方式进攻,就形成了被称作"地生突"②的招式;如果没有刺击的距离的话,可以直接以猛烈的势头体碰对手,这点与空手夺白刃的技巧是相通的。

9. 心中保持清净无杂念的状态,始终贯彻压制对手的意志。

---

① "二次跃出"的说法出自《五轮书》。——译者注
② 日文为"じしょうづき"。——译者注

这样一来，对手往往会因为大意、急躁或失去耐心而露出破绽，从而可以借此机会抢占先机并取得最终胜利。这一点需要长期的练习和实战经验的积累才能得以掌握。

待之先

1. 若对手打面过来，应准确判断距离，并迅速拉开与对手的距离。在对手体势出现破绽时，果断进行反击。在此过程中，务必保持身体的正直。

2. 当与对手保持一足一刀的距离时，若你尝试从外侧或内侧迈出一小步接近对手，而对手选择迅速出手打面，你可以采取一种策略：将刀尖刺向对手的右眼方向，以化解其攻击，并顺势将对手的太刀向右下方压制，然后发动打面攻击。另外，你也可以在接住对手攻击的瞬间，凭借反射动作打击对手的小手或胴部。

3. 面对对手的攻击，你可以故意表现出弱势，大幅度后退，然后假装要发动打击，这会使对手产生紧张情绪。此时，你需要忍住不立即发动打击，稍等片刻，当对手精神稍有松懈时，突然发动雷霆一击。这种战术同样体现了"二次跃出"打法的精髓。

4. 当对手为了发动打击而试图缩短距离时，你可以以更强烈的气势迅速进入打击距离。这会使对手在面、小手、刺、胴等招式之间犹豫和变招。你应抓住这一时机，用小技打击对手暴露出来的部位，这种战术被称为"石火击"，需要多加练习以熟练掌握。

对对之先

1. 当对手发起快速进攻时，我们应采取强硬的应对策略，看见对手一有松懈就直接强势打击。例如，当对手由远及近而来时，我们应敏锐地观察其动向，然后猛然提升自己的气势，仿佛要将自己的身体贴到对手身上一般向他逼近。在打击时，无须将刀抬太高，而应凭"手之内"做出有力打击，或者也可以凭刺击取胜。

2. 若对手以冷静的态度发起进攻，我们应先将身体浮起，于近处撩拨对手刀尖，观察其反应，突然之间踏入取胜。这点的诀窍与"一刀流"的"一之太刀"相同，都强调身体保持自由、自然。在"一刀流"中，当与对手同时互斩时，要求将对手的太刀和身体一同斩落，这需要极高的技巧和判断力。这种特技只有达到无心之境的高手，并经过大量的实践练习，才能真正掌握。如果我们能以完全垂直的刃筋，配合迅猛的速度进行斩击，那么即使是坚硬的铁器，也能被我们轻松斩断。

所有流派都采纳了上述"三先"理论。以"柳生流"为例，它表现为"自发之先""受之先"和"一体之先"。虽然在日常练习中，我们也会穿插有关"先"的意识训练，但《五轮书》中的阐述无疑更为深入浅出。

通常，人们会将先行出手打击称为"先"，但宫本武藏强调，单纯胡乱出手并不等于真正的"先"。除此之外，还存在"待之先"与"对对之先"的概念。"先"的实质是"身体应进入出击状态，关键在于协调步伐和心态，不张不弛，以此动摇敌方内心"。在修行过程中，我们需要深入探索"先"的内涵，并领悟每个招式背后的真谛与合理性。

古武道中，"调动对手，打其出端"的战术正是太刀技法的基础，而决定胜负的最终奥秘，便在于如何抢占"先先之先"。

踏剑（火之卷）

"踏剑"是一种比喻的说法。在大兵法①中，当敌方用弓和火枪射击完一轮后，必须重新把弓拉开，或装填火药后才能发动下一轮攻击。我方如果没有把握住这个间隙进攻的话，那就很难攻进去了。因此，进攻必须要快，如此一来对手便来不及拉开弓，火枪也没法好好开火。要做到这点，必须认清对手的套路，这样才能"踏"住要害。

在单人兵法中，如果与对手陷入胶着的交锋状态，胜负往往难以迅速决出。然而，若能在对手出刀后踏住他的剑，便能立刻占据优势，使对手无法再次抽剑进攻。"踏剑"并不仅限于用脚踏，也可以运用身体、心态或剑法来实现。其核心目的在于阻断对手的后续进攻机会。

此战术并非孤注一掷的冒险之举，而是为了迅速结束战斗。因此，出手必须坚决、果断，力求给敌人一致命打击。请深入体会这一战术的精髓。

"踏剑"本质上是一种战术策略。当对手摆好架势，挥剑砍来时，我们应准确把握他挥剑的节奏，并用左脚或右脚与之同步，这就是所谓的"踏剑"。在这个瞬间，顺势劈斩，便能精准地用物打部分击中对手。如果因为恐惧对手的剑而无法形成踏剑的心态，那么自己的剑将无法触及对手（为了躲避对手的剑而体势崩坏或距离拉开太远）。唯有先踏到剑，才能有效地进行

①　"大兵法"指用兵作战的策略和方法。——译者注

砍击。

踏剑战术的关键不仅在于外在的操作形式,更重要的是要用心去感受并掌控对手的剑势,从而真正地"踏住"对手的剑。

比身高(水之卷)

"比身高"的意思是,无论在任何情况下接近对手,都应如同与对手比较身高一般,充分伸展自己的腿、腰、颈,与对手面对面地竞争,力求在气势上压倒对手。关键在于,当进入打击距离时,必须展现出强势的态度。这一点需要多加磨炼与体会。

如果仅从字面理解,可能会误以为这只是关于身高的比较,仿佛只需挺直腰背就能立于不败之地。然而,这里的深层含义是要求我们在内心不能有任何畏惧,不能被对手的体格或力量所震慑,反而应该通过充分伸展腰腿,象征性地从上方压制对手,如同在比较身高时力求更胜一筹。若腰腿显得不够稳定,那实际上在战斗开始之前就已经落了下风。

归根结底,这一理念的核心在于要无所畏惧,通过身体的充分伸展来最大程度地发挥个人的全部潜能。内心必须要有一种不输于任何人的气概。因此,"比身高"不仅是一种肉体上的较量,更重要的是在精神层面上与对手一争高下。

同时互击之先之技(对对之先)

"正对对手,距离就会变近",这条理法是实践剑道的基本原则。以上这句话也深刻体现了我所创立的"新明流"中"同时互击之先"的技巧精髓。本流派的基础源于我长年修炼的"新阴流"，融合了宫本武藏的"圆明流"，以及我已故的佐伯太郎老师的悉心教诲。

剑道在很大程度上仍属于体育运动的范畴，它与奥运会中的竞技项目相似，都追求如何更快地击中目标，最多再融入一些战胜对手的策略。然而，剑道与纯粹的体育运动存在本质区别，尽管当前剑道与体育运动有所交融，但"打突"的理法仅在剑道中得以体现。

"一足一刀的距离并非打击的开始，而是暴露于打击的距离。"所谓对方觉得远而自己却可随时发动攻击的距离，大约在双方竹刀先革相触的位置，这个距离会根据双方的身高和身体素质略有差异。在以左手为主导进行突刺攻击的同时，右手以"拧茶巾"的感觉轻握刀柄，将刀尖从喉咙高度推至面部高度，刀身几乎水平于地面。当左手抬起，意图攻击面部时，右脚会跟随左手的动作（"天之理"）自然地迈出一步（第一步）；紧接着，脚尖微微抬起，再踏出半步（第二步）的同时，右手将切先斩落，这样就能在远距离轻松击中面部。原则上，打击应该在第二步时完成，而这一切的前提是要有攻的意识。

以左手为主导攻入的话，身体能够正向面对对手。而身体正对对手之后，整个体势就处于非常灵活的状态，能够针对对手的动作非常容易地按照自己想法变化打击面、手、胴中的任意部位。与之相反，如果从右手主导的"构"开始跨出右脚，身体就会微微侧转，做出打击时左脚会落在后面，无法及时跟上。并且，当第一下打击不充分时，这样的体势无法支持后续第二下、第三下的打击。如前所述，在双方竹刀先革相触的距离对于对手来说很难直接打击时，对手必然会想要缩短距离。如果此时做的是略微右半身的"构",则除了打一本出端手以外无法做出后续其他动作。若对手从低处攻来,很难从里侧打到小手,而打正击小手的话也会因为左手无法灵活运动,只能用右手斜向打击,容易打在刀锷或者拳头上,无法成为充分的一本技。

在面对对手的攻击或进攻时,如果有丝毫的等待之心,就无法满足上述在第二步时发动攻击的原则。这会使得动作比"悬之先"慢一拍,无法发挥出"对对之先"的精髓技巧。应该采取"悬、待"之位(包含了攻击意图的等待状态,右脚迈出一步充分准备攻击的态势),将自己的左手与攻击过来的对手的左手同时抬起至比其高一拳的高度,利用左手带动右脚向前迈出(第一步),然后再用右手就能非常轻松地击中对手的面部(第二步)。攻击完成后,保持攻击面部的姿态,利用余势前进两三步——注意不要跑起来。这一"对对之先"的技巧是"新明流"的精髓技巧之一,请在实际的练习中仔细琢磨、磨炼、深刻体会。

打面技等的修行

首先,请读者思考一下,打面技巧主要有哪些类型?尽管各地传授的面技多种多样,但根据打击时机,它们大致可以分为两种:1."先先之先"(直接出手打击或在诱使对手出手时进行打击)和2."对对之先"。而3."待之先"则属于后发制人,它并不能被视为一个充分的一本技[①]。相比打面,由于打小手和打胴有剑道形作为参考(小手参考剑道形二本目、六本目,胴参考七本目),因此动作相对更为统一。同样地,按照打击时机,这些技巧

---

① 可参考剑道形一本目"仕太刀",以"后之先"击中对手并没有一击毙命,还需要以上段继续追击,因此可认为"后之先"并不是充分的一本技。——译者注

也可以分为上述三种。读者可以自行思考一下，在常用的技巧中哪些是属于占据先机以赢得一击制胜的。

要在练习或比赛中成功打出一本技，首先必须自己深刻领悟，并在练习中让身体记住、吸收这些技巧。如果使用真刀进行体育剑道中的无效打击，刀刃很快就会损坏。因此，在剑道中，我们应该追求每次出手都能取对手首级的效果；在现代剑道中，则应该追求每次出手都能打出一本技。一个合格的剑道老师应该在指导过程中，将面部、手部、胴部、刺击以及其他招式都清晰地归类到前面提到的三种大类中，即1."先先之先"，2."对对之先"，3."待之先"。老师应避免一味地讲授如何更快地打到面部的技巧。指导者自己首先要认真地琢磨、钻研剑之理法，才能随时随地进行有效的指导。剑道的核心理念是修炼和理解剑的理法。

宫本武藏在书中写道，所谓的"构"就是"待之心"，有了"待之心"即已告负。唯悬中有待，待中有悬，取"悬之先"（"先先之先"），"同时互击之先"（"先之先"），才能充分制胜。反之，一旦做出格挡、应从就代表已被对手取了先机。此时应该告诉自己，这已经意味着失败。格挡、应从之后做出的动作，无论多么快速和美观，也只不过是手技。先人有云："不要用刀（手技）斩，而要用身体斩"，握住刀走一步进攻（逼迫），第二步打击，此为身体的呼吸，而非手技的呼吸。而当对手做出格挡、应从时，他就已经失去了主动进攻的机会。虽然我们不能完全放松警惕，但可以在不必担心被打的情况下专注于进攻对手。一旦发起攻击，便容易发现对手的"不可放过的三种打击机会"。反过来说，如果被对手的进攻逼得抬手做出格挡或应对的动作，即使防守得再好，也难以完全避免被对手抓住机会进行打击。

在剑道的修炼过程中,我们必须自行领会左手对全身的主导作用,并虚心学习、磨炼技艺和深入琢磨老师所传授的技巧("尾张贯流"所提倡的"三磨"),才能逐渐理解剑的理法。后退或躲避等动作等同于格挡和应对,一旦做出这些动作,就既不能进攻也不能打击。在努力修炼的同时,我们应该抱着能打就打的心态去构建攻势,并全力以赴地攻击对手。举例来说,在打完小手之后还可以接着进行刺击;在打完面部之后可以顺着余势前进,或者通过体碰来破坏对手的体态,在分离之际给出一击。

舍心与剑道指导的心得

《能乐——舍心的艺术》一书中提及:如果演员怀着想要呈现精彩演出的心态登上舞台,其效果往往只能算是平平。若欲深入此门,必须摒弃诸多杂念,忘却技巧与自我,舍弃一切可以舍弃的。

现在,请我们一同回顾剑道的稽古过程。在练习时,你是否曾深陷于对剑理的沉思或是过于计较胜负得失?如果你总是担心被击中,那么你可能会丧失攻击的机会,从而无法实践出"三杀法"。其实,无论是击中还是被击中,都不应过分挂怀。在修炼的道路上,我们需要学会舍心,追求一刀必杀的境界。这种心态应成为我们的一面镜子,时刻提醒我们检查自己是否真正做到了舍心。

那些过于看重胜负的人,往往只看到了表面的胜败,而忽略了更深层次的剑道精神。当指导者和学员都只关注胜负时,他们的进步也就此停滞了。

我已故的剑道恩师——范士九段的佐伯太郎老师,生前常常告诫我们："作为教练，要严谨教学，为学员打下坚实的基础，而不是仅仅教授他们一些手技。学员们则应从这些基础中发展出属于自己的剑道风格。"对胜负的过分执着会阻碍我们达到更高的境界。胜利时的骄傲和失败时的自卑，都是不合礼仪且有损尊严的。如果我们的心被胜负所牵绊，那么我们必然会偏离剑道的正轨。为了修正这一心态，我们可以将比赛视为检验自己日常修炼成果的机会，从每次的胜负中汲取经验，不断反省和调整自己的心态，这就是所谓的"不动心"。

在稽古过程中，我们应贯彻一个重要的原则：不被击中别人或被别人击中的结果所束缚，释放自己的身心，全神贯注于稽古本身。同时，老师也应引导学员走上"生涯剑道"的道路，即保持内心的平静，不被击中以及胜利或失败所影响。即使在比赛或切磋中失利，也绝不气馁。这也是指导者自身修业的一部分。如果指导者只是针对表面现象进行指导，那么被指导者就只能在"无明"的迷雾中徘徊，无法触及真正重要的核心要领，也更不可能通过剑道领悟到生活的真谛。

当我们全神贯注地追求心技的自由时，那些关于是否有趣或辛苦的想法就会被抛诸脑后，我们能够以更虚心的态度去稽古。然而，在当前的剑道比赛中，许多人过于关注细枝末节，只为求得胜利。他们的内心被巧拙所困，竹刀的斩切也显得力不从心。这样的胜负争夺，实际上已经偏离了剑道的本质，成了一种单纯的体育运动。

在剑道的指导过程中，最重要的任务是帮助被指导者通过修炼剑道来塑造自己的生活态度，甚至是完善自己的人格。但遗憾的是，现在许多剑道教育者过于关注如何更早地击中对手、为了打击需要锻炼哪些肌肉等问题。这种做法实际上是将体育运动误认为是真正的剑道了。

通过不断练习基础技术和实用技术，我们可以使内心更加坚定，不易被外界干扰。在修炼过程中，要记住这种内心的平静和坚定感。随着时间的推移，我们将达到一种境界，即无论心灵处于何种状态，都能自由地行动，这就是所谓"应无所住而生其心"①的最高境界。

修炼分为"理的修炼"与"技的修炼"。所谓"理"指的就是不执着于任何东西的舍心的修炼。然而，即使掌握了"理"，但无法自由地施展"技"的话，就没有用处；反之，"技"非常优秀但不理解"理"的话，就只能局限于技的末节，与正道背道而驰。

许多高段位的指导者在课堂上都能很好地讲解剑道的基础，但被指导者在认真学习后往往仍然难以理解什么是"理"。这是因为从指导者的稽古中，被指导者往往只能看到与基础大相径庭的"我流"，而这并不能作为好的范例。以打面为例，一些指导者在打击后右手不能保持水平，反而高高抬起。他们没有余势，直接在对手面前停下形成对峙，或者在打击后直接放松下来，完全忘了残心的身构；甚至从对手的竹刀上方敲打刀锷一下之后再打面，或者在打面的瞬间按住胴不让对手打到，这究竟是打面还是护胴呢？一个好的打面动作必须伴随着漂亮的打击姿势，加上余势两三步。没有余势光想着护胴，就说明打击方内心已经先动摇了。稽古本身就是在被打中成长，如果过于关注防护而忽视了打击的本质，那就本末倒置了。跟随不理解剑道真

---

① 佛教术语，出自《金刚经》。又称无住心、非心，与《心经》中"空即是色"义同。意即不论处于何境，此心皆能无所执着，而自然生起。心若有所执着，犹如生根不动，则无法有效掌握一切。故不论于何处，心都不可存有丝毫执着，才能随时任运自在，而如实体悟真理。——译者注

谛的指导者学习确实是一件令人遗憾的事情。

自古以来，在所有技艺中，"择师"都是非常重要的一环。然而，对于被指导者来说，他们往往没有选择老师的自由。显而易见的是，那些师从良师并受其恩惠的学生更容易成长为优秀的剑道家。因此，作为指导者，我们更应该自我约束，保持基本的剑道形态不崩溃，不拘泥于打到或者被打的细节问题。我们应该心无旁骛地精进自己的姿势和形态，并在此基础上指导后辈。

笔者坚信，将自己通过修炼所领悟的剑道理法传递给被指导者，是每一位剑道家的使命。这既有利于自己，也有利于他人。希望所有的读者都能形成立姿、打姿、后姿都优雅的剑道风格。

打击机会与剑道的理想状态

在剑道中，打击机会可以归结为"三种不可放过的时机"：1. 对手招式"起动"的瞬间；2. 对手停住不动之时；3. 对手招式完结之时。这些问题在笔试中也经常出现，考验剑道学员对时机的把握。剑道中的打击机会并非在自己想要打击时产生，而是依据对手的动作——在他们引刀向后或准备挥刀向前时产生。真正的剑道，是能够妥善应对对手的打击。

"真正的打击机会，在于引诱对手动起来的那一刻。"对于招式的"起动"以及不同的打击方式，我们都有对应的处理策略。重要的是要摒弃自说自话、寻求打击的念头，转而专注于用心捕捉对手的打击动作。做不到这一点，就不能算是真正掌握了剑道。

初学者在剑道上往往都扮演着主动进攻的角色，瞄准对手的手部、面部或身体进行攻击。然而,随着技能的提升,他们会逐渐转变为更加策略性的应对方式,即"仕太刀"。如何回应对手的招式,或者如何通过回避、压制等手段改变战场的主动权,这才是剑道的精髓所在。虽然竹刀竞技中也会教授如何拨开对手的刀进行反击,或者利用步法移动创造攻击机会,但这些仅仅是打击的技巧。

在实战中,打击的时机通常出现在对手不合理地接近我们,或者他们轻率地发起攻击时。而打击的部位则取决于对手当时的弱点所在。如果不在实战中尝试出手,就永远无法确定自己是否能准确命中目标,这样的剑道只能停留在竞技体育的层面。

从前的剑术虽然同样追求斩中对手这一结果,但绝不是自己主动出手打击,而是压制对手的气,将其逼到不出手打击就会被砍中的绝境,压制其想要打击的出端,咎责其"非"处,是为剑道。

如前所述,初学者在剑道上勇猛直前固然是一种风格,但随着技能的提升和段位的增长,不能仅仅将竹刀当作棒球棍来挥舞。我们必须改变自己的观念,将竹刀视为真正的刀来使用。只有这样,我们才能更深入地理解和掌握剑道。对这一点的认识越深刻,剑道的"位"也会越高。

在剑道中,有一点至关重要,那就是即使面对强大的对手,我们也要有无畏的勇气,抱着"即便被砍中也要击败对手"的决心进行战斗。当对手逼近时,我们绝不能后退。抓住对手手肘和右脚"起动"的瞬间,以"同时互击"的气势进行一拍子打击。除此以外,我们必须牢记,一足一刀的距离是"打击过程中的通过点",在这个距离绝不能再发出气势继续逼攻,而是要等待对手起手(因为是暴露于对手打击的距离)。

对剑道的思考

"胜而后战"乃是理法。宫本武藏一生经历了 60 余次决斗，无一败绩，这并非因为他面对的都是弱者，也不是因为他运用了特殊的招式或策略。关键在于他总能先创造出胜利的机会，然后稳稳地抓住这些机会并取得胜利。

归根到底，剑道的所有技法不外乎是欺骗对手之后进行打击。"示现流"的"一之太刀"要求全身心投入刀中。不单只做形的稽古，也要做打击的稽古。

"天真正传香取神道流"作为古武道，也讲求能够做到"一击杀敌"的瞬间爆发，一旦慢了一拍就意味着被斩或者被刺，故与其格挡不如舍身一击。值得注意的是，"天真正传香取神道流"并不仅仅教授剑术，它是一门综合性的武术。

"尾张贯流"起源于枪术，后来融入了"尾张新阴流"的剑术，因此有这样一种训诫："剑枪如同车之两轮、鸟之双翼。不懂枪法就不足以谈论剑法，不懂剑法也不足以谈论枪法。""尾张贯流"同样是一门综合性的武术。这个流派还提倡"三磨"的理念，即虚心学习、磨炼技艺、深入琢磨。

稽古，就是通过自己所坚信的道路来锻炼精神的过程。

自古以来就有"十能七艺"（指各种武艺）的说法。然而，仅仅知道如何利用剑技获胜，并不能算作真正懂兵法。单纯修炼剑术，甚至难以全面理解剑术本身。剑道的修行，不仅限于个人的领悟，更重要的是能够传授给他人，实现利己利他。

举个简单的例子，如何判断一件商品是否为优质的商品？最直接的方法就是进行比较。如果把十个同类商品放在一起比较,那么哪个更优秀就会一目了然。虽然剑术是综合武术的一部分,但只有同时领悟到其他各种艺术和技能中隐藏的奥秘,才能达到"万里一空"这种难以言说的境界。如果仅仅练习剑道,无论多么努力,都难以超越剑道的范畴,无法达到"万里一空"的境界。只有将自己置于自然万物之中,接触并学习各种艺术和技能,当真正理解其中的奥秘时,才能自然而然地掌握剑的理法。

《五轮书》的"风之卷"中写道:"只有深入了解其他流派,才能取得胜利。"《孙子兵法》中也提到"知己知彼,百战不殆"。如果在修炼剑道的同时,也能思考并磨炼其他各种艺术和技能,那么就能更深入地理解如"悬即待""机缘击""流水斩"等剑的理法,从而使自己的剑道从狭隘的视野得以升华。在这个过程中,竹刀的挥法和步法等细节也自然会变成其应有的姿态。

不能只专注于剑道

在专业围棋领域,有"吴清源流""桥本昌治流"等达到棋道的"离"的境界的老师们留下的定式之形。虽然最近以打边为主的"中国流"也颇为流行,但下围棋的基本前提还是熟悉定式。前期的布局尤为重要,一如剑道中所谓的"守、破、离"。一足一刀的动作中不能存在任何空隙。试图通过无效的攻击来取得胜利,只会适得其反。有些棋友虽然了解一些战术,便自认为是围棋高手,但实际上他们往往就是人们常说的"臭棋篓子"。在剑道中,这类人对应于那些只凭自己感觉("我流")练习剑道的人,他们的剑道水平通常只能达到四段,难以再有突破。

在中盘之前的对弈中,双方一步步的攻防转换,包括揣摩对方的思路进行攻击,调动对手,先取胜机而后取胜等策略,这些都与"柳生新阴流"的精髓不谋而合。

在专业级对弈中，竞争之激烈使得连一子的无效打击都不能有，不知道今日的剑道家们是否意识到了这一点？中盘之后的竞争愈加白热化，像极了剑道中"'仕太刀'一旦出现漏洞，'打太刀'就可以斩下去"的紧张感。如果剑道像猜谜语比赛一样充满了无效的攻击，那么从围棋的角度来看，这就是"臭棋篓子"式的剑道，毫无"形"的美感。

在围棋中，我们可以找到许多与剑道相通之处。例如围棋中的气攻、位诘、错身等技巧；有攻击对手时故意留一手的"弃子"策略；有像《五轮书》中所说的"将敌如卒"，从棋盘中心开始布局的打法；还有"对手从右侧来，则攻左侧"这种根据对手动态灵活应对的打法。这样的例子不胜枚举。如果真的想学好剑道，笔者强烈建议尝试一下围棋。

在将棋①中也是如此，存在被称之为攻防构型的"围玉"，常见的有"矢仓围""美浓围""穴熊围"等。根据飞车的布局，还可以将局面细分为"居飞车""振飞车""相居飞车"等多种类型。熟练掌握一种战法就足以获得将棋初段的水平。然而，若想要继续提升技艺，不仅需要精通所有战法，更重要的是锤炼自己的全局观念。当能够洞察全局（如同望远山之巅，观流水而不随月流转），并清晰把握当前棋局之后，下一步的战术构想便会自然而然地浮现。

剑道中的全局观是在忘却自我的修炼过程中逐步积累的。如果在练习时能够以全局的视角去审视，那么便与将棋的道理相契合了。历史上的剑术高手们留下了许多关于剑道的"剑之

---

① "将棋"是一种类似象棋的日本棋类游戏。——译者注

极意",而在围棋和将棋领域也保存着类似"不遵循某种走法就必定失败"的攻防要诀。据笔者所知,这样的箴言就有五十条以上。对于棋类游戏而言,必须将这些箴言深深刻入骨髓,才算真正入门。同样地,剑道学习者也应该将前辈的教诲铭记于心,并付诸实践,否则很容易误入"我流"的歧途,变成只注重手法的竞技剑道。只有虚心接受老师的指导,不断磨炼与雕琢,才能提升自己的技艺。

如前所述,只有接触并领悟"十能七艺"中其他艺术的深层含义,才能从那些只会进行无效攻击的狭隘剑道中解脱出来。

在欧洲有击剑的剑法,虽然了解它的人可能不多,但值得一提的是,击剑中也有"二刀流"的技巧。西方的武术家们也夜以继日地研究和精进击剑的技术与心法。从历史角度来看,击剑原本是侍奉王族的骑士阶级的武术,这些骑士与日本武士在生存方式上确实有许多相似之处。

我从 36 岁开始便对高尔夫球产生了浓厚的兴趣。在达到一定水平后,我深刻地感受到高尔夫球甚至比剑道更为严苛。因此,我从高尔夫球中汲取了许多心得,并将其融入对剑道的修炼中。其中,最为重要的是在古武道中被称为"一击毙命"的精髓。在高尔夫球球场上,"Tee Shot"(开球第一杆)便是全部,容不下任何一杆的无效打击。

在剑道比赛中,我们很少看到双方都竭尽全力避免被对方击中的情况。相反,大多数人更关注如何击中对手,这导致了许多用手部末端关节做出的无效打击。即使是七段以上的高手在练习中也常常出现大量的无效打击,而能够一击制胜的打击却寥寥无几,这并不是高明的剑道。有句谚语说:"狮子即使捕捉一只兔子也会用上全部精力。"然而,在与低段位者练习时,许多剑道老师的精神集中程度并不高。不论段位高低,当一步踏入打击距离之时,就应当拿下一本,这才是好的剑道。

我曾经在高尔夫球比赛中因为几次失误而遭到前辈的严厉斥责。他们告诫我:"下次来球场前,请先到练习场认真练习半年左右",以及"如果连基础都搞不清楚,那就别打高尔夫球了"。这些教诲让我明白,在真正踏上球场之前,必须扎实地掌握基本功,这样才能成为一名合格的高尔夫球球手。

剑道、围棋、将棋和高尔夫球都是竞技的运动,没有人愿意失败。要想取得胜利,就必须不断磨炼、深入琢磨,并注重人与人之间的交流与切磋。在这个过程中,我们自然而然地会塑造出更加完善的人格。

高尔夫球对注意力的要求极高,甚至超过了剑道中"悬待之空"的状态。在挥杆前,我们需要迅速判断草坪状况、风向及球场布局,从而确定第二杆的位置和球的落点。在一瞬间的判断中,我们要将全身心投入挥杆中,以决定胜负。这与古武道中的"一击毙敌"理念如出一辙。每一杆都必须力求将球打上果岭①,因此那些存在无效打击的剑道根本无法与高尔夫球相提并论。在高尔夫球中,我们追求的是一杆一杆地减少失误,直至达到完美的境地。二者不同之处主要在裁判方式上:剑道的胜负通常需要依赖第三方来裁决,而高尔夫球则完全靠球员自行申报得分或杆数。然而,在高尔夫球比赛中,一旦发现球员少报了杆数,他将失去比赛资格,甚至可能因此失去人们的尊重,之后再难有人与他比赛。

---

　　① "果岭"是高尔夫球运动中的一个术语,指球洞所在地。高尔夫球的第一个目标即将球打上果岭,再进一步以推杆来推进球洞。——译者注

关于"挥"的动作

不论是挥动剑道的竹刀、棒球的球棒还是高尔夫球杆,其动作原理都是相同的。在这些挥动动作中,离心力起着关键作用。相比靠近手的部分,尖端的摆动幅度更大。当挥动过程中遇到物体时,会产生一个加速力作用于该物体。例如,如果是挥刀,则能达到切割的效果;如果是用球棒击球,那么球会被球棒击飞到远处。这些运动都遵循着相同的节奏。

在握高尔夫球杆时,左手应以适中的力度握住球杆,以防止其脱手,而右手则不需用力。实际的动作并非"打"球,而是在球杆经过球的位置时,让球杆自然地撞击到球,从而将其送到远处。换句话说,高尔夫球杆的动作更多的是"挥杆"而非"打球"。当球杆接触球的瞬间,右手手掌应保持柔软和放松,而不是紧握。此外,挥杆的动作并非由持杆手单独完成,而是在保持瞄准球的状态下,通过身体的旋转和两臂的夹角不变来挥动球杆。

在"挥"的动作中,靠近手部的动作幅度较小,甚至可能保持静止,而前端的动作幅度则要大得多。虽然以左手持刀、右手辅助的形式可以很容易地挥动起来,但如果在打击瞬间用右手紧握刀柄来做出打击动作,那么这就不是真正的"挥"或"切"了。左手将刀抬起后,右手的任务仅仅是引导刀挥下。不少高段位老师在做前进后退素振时都把"素振"①做成了"素打"。

正因为是"素振",所以不能把刀硬生生停住。如果刀没有被完全斩落下去,那么这就不算是一个完整的斩切动作。在《五轮书》中关于"太刀之道"的段落中写道:"应该沉稳地挥出太

---

① "素振"即空挥,剑道基本练习方式。——译者注

刀。"双手紧握刀柄的打击方式并不符合技巧要求，因此不能算作是"素振"。刀的运动"仅仅是举刀和落下而已"，这种自由挥落的刀法在握刀和挥刀的方法上与高尔夫球挥杆有着惊人的相似性。因此，在剑道中应凭借右手来做出挥击的动作。左手只用保证刀不脱手的力量握住刀柄，负责举刀、突刺、应招、招架等动作。有效利用刀的重量，用右手挥下，使刀刃以直角斩到物体上，便是斩切的动作了。"八方斩"指的就是将刃筋正对八个方向挥下的动作。无论哪种斩切动作，都必须用右手完成。

虽然"二天一流"用的是二刀，但宫本武藏也讲到"从天之理"，即顺应身体的自然运动来做出动作，这本质上与"一刀流"的理念是相通的。

右脑主要负责控制左侧身体的神经以及直观的几何思维。右脑的发展与左手的动作有着直接的联系。在作为武道的剑道中，无论面对从哪个角度来的攻击，左手都应该能够做出相应的防御构型。因此，必须通过锻炼来加强左手的运动能力，从而刺激并促进右脑的发展。自古以来，人们就通过挥刀的锻炼来开发右脑、提升技艺水平。

不高明的剑道

不高明的剑道很难突破成为好的剑道。不过，即使是不高明的剑道，最高也可以到达四段。但正因为之前沉浸在不高明的剑道中，练习者无法意识到自己的不足之处，从而自满于"我流"剑法，很难再有进步（用围棋的话讲就是"臭棋篓子"）。即使后来意识到这一点，也可能为时已晚。相反，那些能认识到自己不足的人，或者因天赋有限而剑道水平不高的人，可以通过虚心接受老师的指导、勤于对练、刻苦练习，从而达到相当高的水平。

著名落语①大师桂米朝先生曾在电视节目中说:"经过上百次的练习,即使天赋再差的人也能练出神韵。"每个人都有一定的天赋,只是很多人不知道如何发掘,因此,"择师"显得至关重要。当然,有时也可能会遇到没有优秀老师指导的不幸情况。

即使有幸得到老师的栽培并发挥了天赋,每个人的先天条件也是不尽相同的。然而,通过持续的磨炼和钻研,仍有可能晋升为七段,甚至达到八段的最高水平。

剑道水平不高的人往往在家不练习,经常缺乏训练,与老师对练时也缺乏积极性。而那些剑道高手则练习得非常充分,与老师切磋时敢于主动进攻,同时虚心接受教诲。这正是决定剑道水平高低的关键因素。水平不高的人常常找借口说:"我理解老师的教导,但身体做不到。"究其原因,是他们没有充分练习而无法熟练掌握老师所教的动作。正因为仅仅听了老师的指导而没有付诸实践,所以他们的水平无法提升。

虚心接受老师的指导、坚持练习、不断磨炼和钻研,这些要求不能仅停留在口头上,而要切实付诸行动。只有在实践的基础上,依靠优秀老师的指导,才能充分发挥自己的天赋,打出高水平的剑道。

关于竹刀

平成七年(1995)四月一日修订版的《审判规则》第三条细则别表中,对竹刀的标准做了明确定义:大学生及一般人使用的竹刀(男女通用)长度应限制在120厘米以内,男子用剑的重量应达到500克以上,女子用剑的重量则要达到420克以上。其中,

---

① "落语"是一种日本传统曲艺形式,类似单口相声。——译者注

120厘米相当于三尺九寸，而117厘米则对应三尺八寸。

"柳生新阴流"在练习时使用的是蟆肌竹刀，这是一种将尺寸适中的竹子装入涂了漆的皮质袋子中制成的练习用刀，可以视为现代竹刀的雏形。由于其表面纹理类似于蟾蜍（蛤蟆）的皮肤，因此得名蟆肌竹刀。这种竹刀不仅在"新阴流"中使用，也被其他古流广泛采用。其制作方法大致是将竹片装入皮袋中，并且不配备刀锷。其长度与真刀相似，而且在练习时通常不使用护具。

在现代剑道中，一般使用三尺八寸或三尺九寸的竹刀，最近男子用刀的重量标准已调整为510克以上。然而，值得注意的是，现实中并没有如此长度的真刀。刀的尺寸是根据使用者的体力、肌肉力量以及挥刀的便利性来决定的。此外，真刀具有一种被称为"刀反"的结构，以便于执行拖割动作，但由于竹刀是直刀，因此无法进行拖割，主要侧重于打击和刺击技术。

由于刀身较长，如果挥刀时两手靠得太近，会感觉刀尖部分过于沉重；而如果两手分得过开握刀，则在做中段姿势时右胁会敞开，右肩会微微前倾，左腰则落在后方，形成一种接近于半身的构①。在正确的"构"中，左手大拇指第一关节应当正好在肚脐前一拳处，而在前述的"构"中身体不能正对对手，而是微微侧转向左，反而将两手对着对手的正中线。从这种构打面时，会同时向前伸出右手和右脚，这与"天之理"是相违背的。

进攻对手时应当用左手做出攻，身体必须正对对手。想要身体正对，两肘则必须轻轻贴在身侧。将握着竹刀的左手放在

---

① "半身的构"指的是身体侧转90度以肩朝向对手，参考剑道形小太刀三本。——译者注

正确位置,刀尖指向对手面部流(中心线),右手捏住刀柄,这便是正确的"构"了。刀柄的长度应调整到右手食指能够碰到刀锷的长度,如此一来两胁便能收住(腋下夹一块手帕不掉下来的程度),从而形成正面对抗对手的正确的"构"。

然而,当下用这样正确的"构"的人非常少,多数人的右肘都太往前伸,略微做成了"半身的构"。这导致左手无法进行有效攻击,而且在打击时左脚会落在后面。因此,建议首先将刀柄缩短到能够使两肘紧贴身体形成正确姿势的长度。请牢记"刀仅仅是抬起和落下",左手负责举刀、招架、擦入,以及一边举刀一边以刺击方式进攻等各种攻击技术;而右手则仅用于将左手举起的刀挥落这一动作。正如古人所说,"卸去力量,遵循剑理挥刀"。

在缩短了刀柄、收紧了两胁并站稳了中段姿势之后,下一步是选择一把平衡性良好的竹刀。由于规则对竹刀的最低重量有所要求,为了使其尽可能轻巧易用,推荐使用尾部较重而刀尖较轻的胴张型三尺八寸竹刀,并非竹刀越长越好。

从中段之构开始的攻与打突

如前文所述,当采用右肘前送、右手微伸的姿势进行面部打击时,右手和右脚会同时前出,而左脚则拖在后面。这种姿势下,即使在一足一刀的距离内,刀尖也可能仅仅能够触及对方的面部,这无疑是非常危险的。因此,人们往往会忍不住再向前走一步以缩短距离后再进行打击。换言之,使用这种打法进行面部攻击时,为了确保能够击中目标,必然会不断向前逼近。实际上,有不少高段位的选手就是采用这种方法来抢占先机并进行打击。然而,这并非高明的剑道技巧。

正确的打击方式应该满足以下条件。

1. 做出正确的中段之构（两腋不张开，左拳放在正确位置，右肘也紧贴体侧，身体正对对手）。

2. 使用左手进行进攻，右手仅负责将举起的刀挥下（当左手向前推出进行进攻时，右脚会自然地向前探出，这就是所谓的"盗足"。以左脚为轴，右脚再一步踏入进行打击的话，无论在一足一刀的距离还是触刃的距离，都能确保打击充分）。即使对手逼近并进行打击，你也可以轻松地在对方正要出手的瞬间抢占先机进行反击。这是因为左手始终保持进攻状态，并且身体正面面对对手，即在做出打击动作时，身体也处于攻击对手的状态。这种方法可以有效避免过早伸手，从而做出充分积蓄了力量的打击。

读者可以尝试用自己的身体进行以下试验来验证这一点。

1. 当左手向前推出进行进攻时（"盗足"与踏入同时），右手把刀挥下，后脚会伴随着挥刀的动作自然跟上前脚，此时竹刀会同时击中面部。

2. 如果右脚走一步的同时，右手往前伸出打面，左脚会落在后面，导致竹刀无法触及面部。

试验过后应该能够体会到，右手只做将刀挥下的动作的话，能够在保持身体不前倾的情况下让左脚跟上右脚。这就是说，右手挥刀使得左脚跟上是身体自然的动作，也符合"天之理"。相反，如果在一步踏入的同时为了能够触及对手而使劲伸直右臂的话，左臂的状态会微微松弛，导致竹刀停在打击位置无法继续斩下，同时后脚也很难跟上。即使强行将后脚拖上前，也并不符合剑道理法的动作。在打击瞬间，左右手的肘窝必须处于松弛状态，否则无法顺畅地将刀斩下（挥下）。近藤勇曾经说过：

"不要用刀斩，而是用身体斩"，"不要用竹刀打、不要用手打、稳住上半身用脚打"，这里所说的就是打击与脚步的理法。

在剑道中，如果采用符合剑理的进攻方式，可以将对手置于无计可施的境地。通过合理利用刀尖发动攻击，就能使对手陷入被动，只能被迫选择先进行格挡，然后再寻找反击的机会。当我们将对手逼至除了出手打击别无他法时，便可以轻松地压制其起手动作，随心所欲地选择将其竹刀荡开后打击，或是拆招后打击，亦或直接打击。换句话说，对手别无选择，一动就等于送过来挨打。如果对手选择坚持不出手，而是应对进攻做出应从、格挡、招架反击这些动作，说明他处于被占了先机的"待之心"的状态，在心态上就已经告负。

从另一个角度来看，由于对手处于被动的格挡状态，因此他们此时无法直接转入攻势，这样我们就完全不用担心会被对方打击。作为进攻方，我们更容易捕捉到对手的破绽并发动有效的打击；而对手在格挡后再进行反击，往往需要两个动作来完成，这样的节奏并不利于他们。当然，对手也可以选择在这个时间点强行反过来进攻我们，进一步缩短间距进行打击，但这就到了近间的距离；即使他们侥幸击中我们，多半是竹刀靠近刀锷一端命中，这样的打击并不足以被判定为一本。所以说，进攻是最好的防御。

指导的要点与极意

在剑道指导中，教授不完整的内容是一大忌讳。古人云"三岁看老"，意指初始的指导至关重要。我们不能传授那种为了取胜而采取消极比赛策略的剑道（例如，击中一次后便拖延时间），而应传授那种不惧怕比赛失败、堂堂正正的剑道精神。

对于那些师从对基础概念一知半解的老师的初学者来说，他们可能并未意识到技术进步的根基在于得到良师的指导。有些老师在剑道比赛中屡获胜绩，因此自认为深谙剑道之精髓。然而，即便是这些老师也明白不能仅仅传授招式和技巧，而应遵循"以基础为始，以基础为终"的原则。只需基础指导与练习，学员达到二段水平并非难事。从一段到三段的主要教学内容都是关于如何做出符合基础要求的一次性打击，随后将初学者逐渐引入"破"的阶段指导。如果在这一阶段没有良师的及时提醒，而学员又沉迷于磨炼如何更快速地击中对手的技巧，那么很容易陷入体育剑道的误区，即过多使用无效打击，从而难以触及更高段位的境界。

指导剑道的前提是自身对剑道有深刻理解。哪怕只是将师父曾经的教诲原封不动地传授给弟子，也不失为一种有效的教学方法。而学习者则应将指导者视为老师，毫无保留地遵从其教导。

应当传授的剑道基础包括以下几方面。

1. 左拳的位置是所有动作的起点，必须牢记其正确位置。再加上右手的动作，往前迈出一步即形成中段之构。正如宫本武藏所言："中段的构型才是其本意所在。"

2. "竹刀的动作无非上举和下落两种。"在教学的最初阶段就应强调这一点：左手负责将刀举起，右手负责将刀挥下。右手只需快速挥下竹刀，左脚便能迅速跟上自然踏出的右脚。

3. 应详细向学员解释比赛规则中设定的起始线的含义。一足一刀的距离既是打击的距离，也是被打的距离。归根结底，这是占据先机的一方在发动攻击时的必经之路。应迅速进入一足一刀的距离,并果断发动攻击。切忌在这个距离上停滞不前再发动攻击,因为一旦有攻击的意图,就可能被对手捕捉到招式的启动,从而招致反击。即使成功挥出一刀,也可能不会被认定为有效的攻击,因为在这个距离上很难用切先正确击中目标,而更容易用靠近刀锷的刀身击中。

4. 正对对手,左拳微微向前推出做出攻,右脚会按照自然的运动习惯向前迈出("盗足")。左脚负责支撑身体而非蹬地发力。在继续向前迈出一步的同时挥下右手的刀。

5. 切返①的正面打击是基础的打面动作。必须扎实地练好步伐(二足一刀,依道场情况不同也可继足)及正面打击的节奏,让身体形成记忆。

6. 不做"素打"(相对于"素振"来说),即不能让右手手掌抓牢刀柄打击。"素打"本质上是使刀挥到半空中停住,这样即使打中目标也无法实现有效的切割。这种动作与正确的挥刀方式大相径庭。造成这种动作的原因通常有两个:一是握刀时右肘离身体太远,导致右手主导了打击动作,使得身体姿势接近于半身的"构";二是中段之构的左手放在了身体正中央,从而限制了左手的动作,无法实现左手主导的运动。必须让学员深刻理解"素振"的正确动作。在此过程中,右手绝不能紧握刀柄。更形象地说,应有一种将刀抛出去打到面上的感觉。

7. 打击完成后有余势才能算作有效的打面。不能让学员在打击后停在对手面前。如前所述,应以一种将刀抛出的感觉进行"挥刀",打击完成后应保持此姿态并顺势走出两三步。如果看到学员在打击后将刀高举,应立即指出并纠正。

---

① "切返"指一种前后往返挥刀的练习。——译者注

8. 虽然练习中会包含连续的小手和面的打击，但一定要让学员明确小手打击和面打击的区别与联系。

9. 刀尖必须始终指向对手的身体，一旦偏离，就可能被对手击中。右肘应始终轻轻贴紧身体，左手负责进攻对手，正对对手摆好架势。双肘应保持自然放松，不紧绷，这样可以更好地蓄攻。要避免两胁张开。

10. 剑道的基础不包含格挡动作，稽古中只有打击。虽然在指导时难免需要拆解成两拍子的动作进行讲解，但我们的目标是逐渐练成一拍子的流畅动作。例如，当对手打面过来时，应以一种将自己的左手骑到对手左手之上的感觉进行打击，这样可以确保扎实地命中对手，而不会与对手的面相撞，要让学员牢记这种打击的感觉。另外，也要让学员知道，在最快的打面动作中，刀尖全程不应有多余的指向上方的动作，而应直接落到对手的头顶。

11. 在正确的构型中，左手大拇指的第一关节应当恰好位于肚脐前一拳的位置。刀尖应占据对手的中心线，指向两眼之间，此时左手应当位于对手刀尖的右侧（从对手的角度看）。因此，在打小手时只需保持中段姿势直直地攻入，然后挥下刀即可打中目标。不能让学员养成从侧面斜向打小手的习惯，斜向打击意味着左手没有上举的动作，而仅靠右手和右肩前探来完成打击，这会导致身姿不正。

12. 学习手技不是稽古，只有流汗的过程才算是稽古。作为指导者，应当使学员们明白生涯剑道的重要性，即每周都需不间断地稽古。一旦踏入此道，便应终生坚持。放弃剑道意味着至今为止所有的付出和积累都将化为乌有。

13. "以礼始，以礼终。"稽古应以双方行礼为开始，以蹲踞纳刀为结束。在此期间，精神必须高度集中，不能有任何松懈，绝不能懒洋洋地进行稽古。

关于"常住兵法之身"的心构

1.剑道的终极目标在于塑造人格，因此，坚持一生的学习和修炼至关重要。练习剑道的动机应超越单纯的兴趣层面，达到"道乐"的层次。所谓"道乐"，即是指那些我们心甘情愿投入金钱的事情。购买剑道服、护具等自是理所当然，此外还包括投入资金进行武者修行。若你希望获得某位老师的指导，进行一对一的稽古，那么就不应吝惜交通费、住宿费，而应积极寻找机会向其请教。

2.本书所述的内容，应视为老师的教诲，避免陷入"我流"的误区。依赖"我流"是无法达到剑道高段位的。笔者自己在获得七段后，又历经十年才形成了自己的剑道风格。但回溯过往，我并非创造了一种"离"的剑道，而是逐渐领悟并达到了"离"的境界。

3.我们应把竹刀视作真刀，以郑重的态度对待它。在稽古或比赛的前一天，务必准备好两到三把竹刀。笔者自己总是随身携带装着刀锷的竹刀，并将其视为真刀。对于剑道家而言，装有刀锷的竹刀与真刀无异。当我去其他地方交流时，总会带上两把装着刀锷的竹刀；而在自己的道场稽古时，则只带一把竹刀。我始终做好这样的心理准备：若在稽古过程中竹刀断裂，便等于"输了"。

4.尊敬前辈、敬重老师，这正是"常住兵法之身"所蕴含的深意。

5.若你期望在正确的剑道之路上走得更远，建议你在日常生活中多使用左手（这有助于促进掌管运动神经的右脑的开发）。请务必牢记，在剑道中，左手是主导，而右手仅仅负责挥刀。

"步步是道场"——关于指导方法

1.只指导那些为认真学习剑道而来道场的人。对于那些时来时不来、自言自语或只参加稽古部分的人，他们并未展现出认真学习的态度，即便教导他们也只是浪费时间。

2.三段以下的指导主要集中在夯实基础上，而到了四段，则开始进行"破"的指导，帮助学员突破自我，更上一层楼。

3.在青少年教学方面，笔者认为，一个老师同时教授的学生数量上限为六人。能够教好小朋友的老师，通常具备教授各类学员的能力。值得注意的是，剑道技艺高超并不一定意味着教学能力同样出色。教学需因人而异，有的人可能更适合进行一对一的稽古。一般来说，四段以上的剑道家可以开始对小朋友进行教学。

4.在挑选指导者时，应选择那些能够真实、准确地传达老师教诲的人，确保教学质量和剑道精神的正确传承。

5.练习过程中迟到的人应被视为不具备学习资格。对于新人的指导，应从进出道场的礼仪、前辈后辈的座次、稽古时元立①的姿态等基础内容开始，自然而然地展开教学。

---

① "元立"指的是练习中引导对方出招、接受攻击的一方。——译者注

剑道语录

「兵法は術に非ずなり。たとへいか程の敵に
勝つと雖も習ひに叛くことにおいては誠の道
に非ず」

兵法并非（制胜的）手段。如果背离所学，即使
能够胜过一定的敌人，也并非正道。

宮本武藏

「以心伝心の二刀は我が我慢の鉾を切り悪念
のきざしを断つ」

此乃以心传心之二刀，用于斩断傲慢之锋芒、恶
念之萌芽。

冢原卜传

「我が持つ太刀は人を切るものでなくて自分
の非心を切るものだ」

我拿的太刀并非斩人之物，而是斩向自己的非
心之物。

神谷传心斋

「我、人に勝つ道を知らず。我、己に勝つ道を
覚えたり　　　　　　　　　　　　　　柳生石舟斎
我并不知胜人之道，只知胜己之道。

「油断と我慢を忘れるな」　　　　　　伊藤一刀斎
不忘警惕和耐心。

「兵法の理にまかせて諸芸諸能の道となせば
万事に於て我に師匠なし」　　　　　　宮本武藏
在行诸艺诸能之道时活用兵法之理，万物于我
皆为师。

「兵法常住の身、常住兵法の身」　　　宮本武藏
将兵法常住于身，即为常住兵法之身。

「太刀を引き上げて落とすばかりなり」　小田切一云
仅仅将太刀上举、落下而已。

「面を打ったら臍まで切り下げよ」　　山冈铁舟
打面就要斩到肚脐为止。

「一の太刀を疑わず、二の太刀は負け」　示现流
第一刀定胜负，出第二刀便已输。

「地軸まで切り裂け」　　　　　　　　示现流
连地轴都要斩断。

「師は針にして弟子は糸」　　　　　　宮本武藏
师父就像针，弟子就像线（跟在针后面）。

「懸かりの先『身は懸かる身にして、足と心を中に残し、たるまず、張らず、敵の心を動かす』」
"身体进入出击的状态，步伐和心留有余裕，不张不弛，使敌方内心动摇"，此为"悬之先"。

宫本武藏

「早きこと誠の道に非ず」
（追求）速度快并非正途。

宫本武藏

「千日の稽古を鍛と云ひ、万日の稽古を鍛と云ふ」
千日练习，万日练习。

宫本武藏

「剣道は人に打たれず、我打たず、ただ無事なるを妙とこそ知れ」
剑道不是被人打，也不是打别人，而仅仅是保持太平无事的奥妙。

山冈铁舟

「敵を掌に入れて合戦せよ」
将敌人收入股掌之中后再交战。

上杉谦信

「手を臍下におさめて立ち合うべし」
将对手收到自己脐下（小腹）再与之决斗。

柳生流

「我が身を切られに行くと思え」
抱着被斩之心去（决斗）。

宫本武藏

「切らせて切れ」「身を捨ててこそ浮かぶ瀬もあれ」 以被斩之心斩人。舍身一击方能向死而生（快溺水时放松自己，反而能浮起来，不久就能找到浅滩站起来）。	柳生流
「初太刀は生涯の勝負と思え」 要把第一击当做生涯的胜负。	神道流
「一撃で斃す」 一击毙敌。	神道流
「人を導くは馬を御するが如く。その邪に行くの気を押さえ正の気を助くるのみ。又強ゆることなし。」 指导人与训马类似，抑制不好的倾向、助长正气，同时又不勉强为之。	天狗艺术论
「勝つべくして勝つのが剣の理法」 胜而后战乃剑之理法。	宫本武藏
「神仏は敬して祈らず」 神佛可敬而不可求。	宫本武藏
「道のために死を惜しまず」 为道而死不足惜。	宫本武藏
「頼れるものは腰の一剣」 能依赖之物乃腰间的一柄剑。	宫本武藏

「竹刀の持ち方を教える前に、まず心の持ち方
を教えよ。人に勝つ事を教える前に、己に勝
つ事を教えよ」
在教持竹刀的方式之前先教持心的方式（心
态）；在教胜过别人的方法之前先教胜过自己的
方法。

「道は正姿の中に在り、正思は正姿の中より生
ず」
道在正姿之中，正思从正姿之中产生。

「足は能の如く、水鳥の如く。指先を少し浮け
て、きびすを強く踏め」
脚步如同能乐、如同水鸟一样，脚趾微微浮起，
脚跟踩实。

「技を見ないで、足を見よ」
不要看招式，要看脚步。

「一眼、二足、三胆、四力」
一眼，二足，三胆，四力。

「步々是道場」
步步是道场。

「後ろ姿に年がでる、腰を割って胸を張れ」
后姿会体现出年龄，应当沉腰、扩胸。

「太刀を打つ手に心を止めず、一切打つ手を忘れて打て」　　　　　　　　　　　　　　　　　　泽庵和尚

心不要放在如何打击上，打击时忘掉所有打击方法去打。

「上手は頭で打ち、下手は目で打つ」

高手是用脑子打，水平低的人用眼睛打。

「我より近く、相手より遠く」

（最好的距离是）对自己来说近，对对手来说远。

「太刀風三寸にして身をかわす」「一寸の見切り」

将太刀风按照三寸来躲闪。以一寸的距离避过。

「相手を恐れず敵の間合いに入り、切られて取る覚悟こそまさにコツである」

不惧怕对手，进到他的距离中，这种被斩到也要打倒他的觉悟正是秘诀。

「立ち合いは竹刀で打つな、手で打つな、胴作りして足で打て」

对决时不要用竹刀打、也不要用手打，而是稳定住上半身用脚打。

「刀で切るな体で切れ」　　　　　　　　　　　近藤勇

不要用刀斩，用身体斩。

「敵の太刀を知り、いささかも敵の太刀を見
ず」
要感受对手的刀,而一定不能去看对手的刀。

「重い竹刀を軽く振れ、軽い竹刀を重く振れ」
把重的竹刀轻巧地挥动,把轻的竹刀沉重地挥
动(放松力气以理法挥刀)。

「芸は秘するに非ず、秘するは知らせんが為な
り」
秘传并非故意秘而不传,而是听者无法理解,故
为秘传。

柳生流

「突きは出て受けよ」
刺击是以让对手主动撞上来的感觉刺。

「我事に於て後悔せず。武具の外物をたしな
まず。世々の道に叛く事なし」
自身之事皆无悔,兵器不求无谓的极品,不违背
人世常理。

宫本武藏

「心を返す(止まる心)ということは、一太刀打
ったならば、打った所に心を置かず、心を引き
返して敵の色を見よ。心を我が身に引き取
れ」
所谓返心(止心)指的是一刀斩下后不再留意所
斩之处,重新收回内心观察对手状态,即将心收
在自己身上。

柳生流

81

「天の理に従う」   宮本武藏
从天之理。

「有構、無構。中段の構えこそ本意なり」   宮本武藏
有构、无构。中段的构型才是其本意所在。

「剣は心なり。心正しからずば剣また正しか
らず。剣を学ばんと欲せば、心から学ぶべし」   島田虎之助
剑是心，心不正则剑不正，故欲学剑则必先自
心始。

「気で攻めて理で打て。勝つに法あり、負ける
に理あり」
以气进攻、以理打击。无论胜负皆有原因。

「敵を打てと思うな、身を守れ」
不要想着打对手，先保护好自己。

「千錬自得、万鍛神技」
千炼自得，万锻神技。

「上手に懸かれ、苦手を選べ」
多和水平高的人打，少和弱的打。

「稽古の二時間より、やる気の20分」
在两小时的稽古当中，至少20分钟要干劲
十足。

升段审查与稽古的理想状态

不知是幸还是不幸，我们都已踏上剑道修炼之路。包括剑道在内的所有"道"，都是终生学习的过程。若半途而废，那么迄今为止所有的刻苦训练和积累都将失去意义。毫不夸张地说，这将会成为人生的失败之处。

首先，祝愿各位读者在升段审查中都能顺利通过。然而，如果不深入思考，仅靠随意的练习就期望提升水平是不切实际的。目前，大多数人仍局限于仅仅用手打击的稽古中。理想的稽古应该是捕捉对手犹豫或格挡不成功的瞬间，果断出击，而能否击中反而较为次要。这一过程需要反复练习，直至无论面对谁都能准确击中为止。

在升段审查中，审查员老师们往往见多识广，阅人无数。在此，将考查内容按顺序列举如下：

1. 礼法、着装、姿势、态度；
2. 构、发声、间合；
3. 发声、攻、逼迫、压制；
4. 主动出击的"先之技"，或是其他熟练度与段位相应的技；
5. 品格，即不为所动的无心之构、位，等等。

无论哪点欠缺都可能被判为不合格。

按照考试科目划分,有实技、剑道形和笔试。

1. 实技审查最为关键。"一刀一杀""初太刀的一本"等原则要铭记在心。在实技考试中,要严格按照老师所教的内容来执行。

2. 剑道形。剑道形即使做得不够好也可能合格,但做错则一定不合格。如果深入理解了剑道形之心(理法),那么就不可能出错。

3. 笔试。主要考查考生对剑道的理解深度。回答的内容应恰好写满一张纸,不要留空,且字迹要工整漂亮。题目通常为关于剑道的理法或论文,可以提前看一些问题集进行准备。平时认真学习的话,应对笔试不会有太大问题,注意不要超时即可。

关于实技

要将实技视为一场定胜负的比赛来对待。根据不同段位,考试时长有所不同:七段为 1 分 30 秒,六段为 1 分 10 秒,四段到五段大约为 1 分钟。因此,并不需要打出太多的攻击,只要能够成功打出一到两次有效的攻击就有可能合格。如果未经深思熟虑就急于出手,发动了太多无效的攻击,那么即使其中有几次攻击非常漂亮,也可能会被视为偶然状况,最终导致不合格。

过于猛烈的攻击方式在剑道中并不可取,这可能会给人留下不懂理合①的印象,或者被认为是在进行"挂稽古"②。通常,只有较弱的一方挑战强者时才会采用"挂稽古"的方式。

---

① "理合"指合乎理法的做法。——译者注
② "挂稽古"是常见的剑道基本练习之一,通常一组"挂稽古"包含十余个部位的连续打击,要求一气呵成,动作不可停顿,其间也不能换气。——译者注

应该先运用"气"来逼迫和压制对手,使其不得不动。一旦捕捉到对手开始运动的瞬间,成功打出一本技,就有可能获得合格。在拿到一本后,由于对手急于反击,他们可能会采取类似"挂稽古"的攻势。在这种情况下,你可以使用刺击来压制和抵挡对手,或者根据实际情况进行反击。整个过程中的关键是准确观察和判断对手的动作。

要打到对手该怎么做

1. 调动对手。从远间开始先缩短距离,利用外、内两侧的刀镐擦入、按压,抵消对手的剑,对手便会反向用力,试图出手打击,此时,抓住其"起动"的瞬间进行打击即可。

2. 流畅地滑入有效打击距离,对手必然会做出应对、格挡或其他动作;接下来,打击其防守的相反方向。例如,先攻其面部后迅速转向小手,或者引诱对手同时击面后反击其返胴[1],也可以在对手防守小手时转而攻击其面部(参考山海之替[火之卷])。

3. 一足一刀的距离是发动打击的理想距离,而不是停下来等待打击机会的距离。每次打击完成后,应重新拉开距离以准备下一次的胜负决断。在近距离直接打击往往无效,无法形成有效的攻击。另外,从剑锷处开始的打击也很难成为有效的攻击。

4. 攻击面部时必须保持足够的余势。仅用手臂发动的攻击在完成后会停在对手面前,这样的攻击是无效的。攻击完成后,应保持攻击姿势,与对手擦肩而过。挥刀后,身体会自然地顺着

---

[1] 此处指一种招式。——译者注

余势再前进两三步。

5. 残心并不等同于回到中段之构，重要的是视线不离开对手，以及"打中后将余势再保留片刻"的感觉。身体自然地会做出相应构型。

6. 想打的念头是被打之因，不要总想着打，首先保护好自己。

7. 无心地做出进攻。当对手发动攻击时，如果内心产生动摇，就应该认为自己已经输了。

8. 当对手主动发动攻击时，应积极回应，使用"同时互击之先"的招式决胜。

从起始线蹲踞起身后，双方的刀尖应保持约 10 厘米的距离。凝聚气势，运用"三杀法"逐渐缩短距离，不要慌张地进入攻击范围，也不要在一足一刀的距离内静止不动或发出气合（发声助力），避免停留在容易被攻击的距离。从对手的角度来看，由于他们也想要发动攻击，因此必然会尝试缩短距离。此时，你可以轻松地识破他们的动作，引诱他们产生格挡的念头，然后直接发动攻击或抓住他们"起动"的瞬间进行打击。如果对手攻击你的面部，你可以使用"悬之先"的招式来反击他们的小手或胴部。如果对手攻击你的小手，你可以挡开后反击他们的面部。避免重复使用相同的招式。

用棒球投手与击球手的比喻来说，剑道中的攻击就好比投手投出各种不同的球路，如直球、滑球、内角球、外角球、曲线球和指叉球等。通过心理战术使对手感到困惑并贸然行动，然后抓住他们"起动"的瞬间发动攻击即可获胜。面对对手不能死脑筋地摆出"构"，因为所谓"构"就是"等待"对手之心，无法取得先机。应使心构、身构都保持着随时能够打击的状态，这样才能占据"同时互击之先"。有构即无构。

宫本武藏曾说:"在行诸艺诸能之道时活用兵法之理,万物于我皆为师","千日练习,万日练习"。如果练习不足,内心的准备也会不足。坚持做一件事非常重要。请务必针对"间距和距离"以及"捕捉打击时机"进行大量练习,直到能够流畅地进入攻击距离并发动有效的打击。

日本剑道形考察

　　全日本剑道联盟正式采用的日本剑道形，其历史可追溯至旧日本武德会于大正元年(1912)十月制定的版本。该版本在大正六年(1917)九月进行了加注，昭和八年(1933)五月又增加了备注，从而形成了最初的剑道形。这一原始版本在昭和五十六年(1981)十二月七日被改编成更为通俗易懂的语言，成为我们现在学习的指导书籍。

　　当今所有剑道学习者都必须能够熟练演练这套日本剑道形，这也是升段审查中"形"的考察环节重要的原因。同时，在武道大会等活动的开幕式上，也常常会进行剑道形的演武。最近，剑道形的考察更是成为八段审查的必要条件。

　　古人有言："形即稽古，稽古即形也。"这彰显了"形"与稽古之间的紧密联系。"二战"结束后，剑道逐渐演变为一种体育运动，以竹刀为竞技工具，与原本的剑道风貌已大相径庭。

　　每年 11 月 3 日，全日本剑道选手权大赛都会如期召开。通过预选赛的选手们将在 5 分钟内展示他们的剑技。然而，在这短暂的时间里，我们往往会看到数十次的无效打击。即使时间耗尽，也往往难以分出胜负，不得不通过加时赛以一本定胜负。

这种情况让人不禁思考,是选手们打得好,还是他们的技术尚未成熟。普通的剑道爱好者可能会将这种如同猜拳般的打击方式误认为是真正的剑道,这也让我们感到无奈。

剑道是从综合武术的古武道中提炼出来的,强调使用"斩切"技巧做到一刀必杀。在日本战国时期,剑法又被称为介者剑术,其假想敌是身穿甲胄的士兵。因此,这种剑法主要对眼、喉、手、肋、腹等没有护甲保护的部位进行快速而猛烈的斩切。上泉伊势守在介者剑术的基础上融入了自己的领悟,从而创立了"新阴流"剑法。

"柳生新阴流"更是"集古念流""新当流""阴流"等众多流派之大成。在"柳生新阴流"中,有一种名为"燕飞之太刀"的练习形,它极具危险性,稍有不慎就可能导致受伤。这是因为从自立会开始,就将对手视为敌人。当敌方使用"打太刀"时,"柳生新阴流"则使用"仕太刀"进行应对。一旦"仕太刀"出现空隙,"打太刀"就可以直接斩击。这种练习并非单纯的"形"的稽古,而是模拟真剑胜负的场景,体现了根据对手行动灵活应变以取胜的极意。

宫本武藏曾言:"先胜后战,此乃剑之理法。若对手攻来时内心动摇,便已是败局。""示现流"则坚信"第一刀定胜负,出第二刀便已输"。"天真正传香取神道流"亦强调"一击制敌"。"体舍流"的奥义中包含了反复上下斜斩、踢技、投技等多元武技,这些实战剑法方为剑道真谛。然而,在现今的竞技剑道中,我们已难觅剑道原本之风貌。正所谓"形即稽古,稽古即形也",若想真正学习剑道,须从剑道形起步。

在笔者居住的福冈县,范士八段的老师并不罕见,讲师资源十分丰富,每年会在不同地点举办两次剑道形讲习会。笔者也曾多次参与,悉心聆听并思考老师们的教诲。随着研究的深入,对于讲习会中的指导方式,笔者也积累了不少个人见解。接下来将详细阐述。

众所周知,"打太刀"代表师傅的角色,而"仕太刀"则是弟子的位置。尽管这一说法广为人知,但讲师们往往不会解释其背后的深层含义。在讲解长刀七本、小太刀三本的"形"时,常用的表述有"形就如同双方协商好的剧本","若对手如此攻击,你便如此应对"等。但在笔者看来,"形"并非双方商定的剧本,而是剑的法则,理应在实战的情境中学习。讲师们通常会解释说:古武道共有200多个流派,每个流派都有其独特理解。剑道形提炼了其中的五形结构,并将各流派的刀法精华融入长刀七本、小太刀三本之中。然而,若将剑道形视作剧本般进行演练,那么古武道中"一击制敌"的技巧与心境便无法得到真正体现,这与剑道的本意相去甚远。

古谚有云:"不要想着打,先保护好自己","想打是被打之因"。柳生石舟斋将"构太刀"称为"杀人刀",将"不依赖构、活用对手之力而胜之的太刀"称为"活人剑"。"柳生新阴流"正是"活人剑"的代表,其特点在于不拘泥于固定的"构"或招式,不以剑力压倒对手,而是通过洞察对手动作,调动之并战胜之。

要胜过对手,首先得胜过自己。"柳生新阴流"的刀法终极追求,正是如何战胜名为"自我"的这个对手。理解了这一点,我们就能充分领会为何使用"柳生新阴流"刀法的一方是"仕太刀"了。

再谈谈师徒关系。按常理,师父应当总能胜过弟子。自古以来,所有老师想要继续提升技艺,都离不开弟子的辅助练习。在古代,本流派经过艰辛琢磨、深刻体会的极意,若被其他流派所知,那它便不再是极意了。所谓极意,往往只会口传给亲信弟子。因此,在这个意义上,"仕太刀"应为师父之位,"打太刀"则为弟子之位。以上便是基于古武道的视角对日本剑道形中"打太刀"与"仕太刀"本来关系的考证。不知读者们是否也认同"战胜自己、调动敌人而取胜"的"活人剑"之理至关重要呢?

以"金春流"为代表的日本能乐,以及"藤间流""花柳流"等日本舞蹈在表演时也并非单纯按照剧本进行。但一足、一游的动作容不下分寸的缝隙,甚至严苛到做错就会被逐出师门的程度。体操、花样滑冰等表演项目则完全相反。无论进行规定动作还是自由动作,只要能够近乎完美地完成既定动作,就能拿到高分。除此以外,表演的美感也在考察范围之内。

剑道起源于综合武术,需要面对长枪、短枪、长刀、棒等各种敌人,"一击必杀"是其核心要义。因此,它不可能像表演项目那样有固定的剧本可循。作为指导者,应深刻体会剑道形的本质,以学习的心态深入研究,那么正确的刀法、步伐、理合便会自然而然地显现出来。

在如今的升段审查中,主要考察的是考生动作的正确性,而非动作的表现力。例如,在八段的剑道形考试中,有人在执行"仕太刀一本目"时,拨击的刀尖未能触及"打太刀"的头顶。即便如此,也从未有人因剑道形而落榜。究其原因,或许是审查官出于同情,同时也有对好不容易通过实技考察的考生的奖励意味,因此在"形"的审查时往往较为宽松。但正因为这种宽松的审查标准,导致许多高段位的老师在进行剑道形讲习或听讲时,并不会过于深入地研究。

再举一个实例。在剑道形解说书中明确指出,解刀时刀尖位置应当位于对手膝盖下方 3—6 厘米处。然而,许多老师在演示剑道形时，解刀的刀尖位置往往没有达到这个要求。希望读者们能够意识到这一点，深入琢磨、钻研和体会剑道形的本质。

关于剑道形演武的考察

在一本目中，"打太刀"的气势（"气构"）至关重要，应抱有连同"仕太刀"的刀柄都一并切断的决心挥刀斩下。斩击完成后，刀尖应略低于下段构的刀尖位置，同时身体要稍微前倾（注意避免直立）。"仕太刀"在将上段双手同时向后引，以躲避"打太刀"的刀尖时，应避免一个常见错误，即将刀身完全向后倒至水平状态。无论是"打太刀"还是"仕太刀"，在打击的瞬间都不应降低刀尖高度。

在五本目中，"仕太刀"在左脚后退的同时进行上擦动作。这里需要注意，不要擦过头，也不要用拍击的方式，应当用物打部分的刀镐[1]接触"打太刀"的刀。必须能够做到在上擦瞬间，刀尖能够一拍子打到"打太刀"头上，否则不能算是上擦面。许多人常犯的错误是先一拍子将刀向后引，然后再第二拍子打面。但只有一拍子迅速打面，才能做到解说书中所强调的"急强"打击效果，发声的间隔时间要短促。

在应对"打太刀"的三种刺击时，"仕太刀"始终占据中墨做攻击之姿，并展示了拦拿[2]、卷返[3]、支刺这三种对应动作。所有这些动作都巧妙地利用了日本刀的特性。

---

① "刀镐"日文为"しのぎ"，指的是刀身侧最宽处，也称作镐筋。——译者注

② 剑道形三本目"仕太刀"应对刺击的动作，本书原文及剑道形解说书中写作"萎す"，可直译为"化解"。"拦""拿"分别是枪术中从左侧和从右侧应对刺击的防御性动作，在此借用，以便于区分其他化解动作。——译者注

③ "卷返"指剑道形四本目中"仕太刀"应对对方刺击的动作，具体来说就是向左开足的同时，保持两剑相交的状态，两手向上举过头顶。

日本刀的刀刃部分是最坚硬的,而刀脊则相对柔软。虽然使用刀脊进行格挡可以承受一定的冲击,但如果受力过大,刀可能会因为刀刃无法承受传递过来的力量而折断。同样地,如果使用刀镐进行横向拍击,刀也可能因为刀脊和刀刃的硬度不平衡而折断。如果确实需要进行格挡动作,应该使用刀刃进行格挡、用刀镐擦上或用刀镐擦落的方式。然而,使用刀刃进行格挡很可能会导致刀刃崩口损坏,因此最佳的选择是让身体左右闪避或者向后拉开距离。

1. 以刀镐拦拿的话,刀不会断。

2. 在卷返的动作中,刀身不受力。

3. 所谓支刺,即双方同时互刺之形。

在讲习会上老师会说要用"气碰^①"去刺。这里说的"气碰"指的是以同时互刺的气势架住。但显而易见,光凭"气碰"是不行的。这一动作能抑制对手刺击攻势的背后逻辑是:当"打太刀"刺向"仕太刀"的胸部时,"仕太刀"用左镐(刀身左侧)架住,刀尖微微偏向外侧,形成互刺的态势。此时,"仕太刀"的刀刃朝向左下方,如果"打太刀"执意进一步缩短距离,他的脖子便恰好会被刀刃划伤。因此,在演武时,如果双方的刀尖抬得过高,便失去了实际意义。刀尖应当只达到脖子的高度,并微微指向上方。

在六本目中,"仕太刀"的动作是"在打太刀以小动作打向小

----

① "气碰"日文为"気当たり"。参考"体当たり"翻译为"体碰",这里直接翻译为"气碰",意思是用杀气击中对手。解说书中说双方互刺完回到中段时,双方的气位为五分对五分。——译者注

手时,左脚向左开足①,同时以画半个小圆的感觉用右镐(刀身右侧)擦上"。从理论上讲,站在原地不动也可以完成擦上的动作,那么为什么要开左足呢?

宫本武藏曾说过"从天之理",即遵循自然的法则。人类的身体有着自然的运动习惯。当右手向前运动时,左脚会自然地迈出。同理,当左手往前时,右脚也会自然地向前迈出。六本目所蕴含的正是这种身体自然运动的法则。

指导时要留意的问题

太刀

一本目	"打太刀"打正面时,刀尖要比下段构时的刀尖更低。错误做法是打完没有前倾。 "仕太刀"做双手右上段向后退时,刀不能向后倒成水平于地面。
二本目	"打太刀"打"仕太刀"右小手时没有斩到比手稍低的位置。 "仕太刀"右脚大步踏入,一拍子内完成拨击,打小手时注意应当和"打太刀"一样做大动作打击。
三本目	"仕太刀"为了做出拦拿动作,左肘过分地向后引,手肘离开左胁,这也是错误的。 以位诘进逼时,不能伸手刺,而只是以刺的气势逼。 进逼时应以小步走二三步,不能大步走。
四本目	"打太刀"出右脚刺对手右胸时,注意左脚应及时跟上,不能拖在后面。 由于刺击被"仕太刀"卷返,因此姿势略微前倾,注意不能站直。

---

① "开足"即指左脚向左或右脚向右打开一步,另一只脚再跟上,是剑道的基本步法之一。——译者注

五本目	"仕太刀"做擦上应用左手做,从两臂之间的空隙应该能够看到对手。如果做成了拍击或大动作拨击,说明用了右手。右手仅仅负责打面。左手上擦和打面必须在一拍子内完成。 打到面后刀尖必须先指向"打太刀"脸的中心,不能直接退右脚做左上段。
六本目	"打太刀"在"仕太刀"从下段升到中段的同时,应呼应其动作将刀尖降低。错误做法是不降低刀尖,直接退右脚做上段。 "仕太刀"反击小手时应向左开足,注意不能做成向左前方开足。 "打太刀"小动作打手被反击后,应降低刀尖,向左后方大步拉开距离,此时刀刃指向右斜下方。错误的做法是指向正下方。
七本目	"仕太刀"在错身而过时以双手打"打太刀"的右胴,先出右脚,最后右膝着地。错误做法是打完右胴后视线离开对手。 打完胴拉出来的刀身和持刀手应大致与地面平行,刀尖不能垂下。

小太刀

一本目	"仕太刀"做出残心后,"打太刀"应当和他一起回到中段相对。不能直接退回原位。
二本目	"打太刀"从下段变为胁构,再变为双手上段,大动作打面。典型错误是胁构没有做到位,直接把刀从右胁绕一圈打击。 "仕太刀"做残心时,应当从上方抓住打太刀的肘关节,控制住对手。错误做法是从侧面抓肘关节。
三本目	"仕太刀"将第一个面以上擦接住,向对手的右斜下方擦落,注意不要做成拍落。 接着左脚向前成半身,用小太刀擦流、擦入时,应当用刀鎺①部位抵住对手刀锷,而不是用刀镐部位。

① "鎺"的日文为"はばき",指的是装在刀条和刀锷连接处的金属部件,主要用途是让刀不会从刀鞘中轻易松脱。——译者注

95

　　以上列举了一些在剑道形演武中应当特别关注的问题。请注意，这些问题大多数为错误操作，而不仅仅是做得不够好。接下来，我再简要概述一些容易"做得不够好"的方面。

　　1. 步伐不规范。这包括步幅过大、脚跟着地或者在出脚时发出声响等。

　　2. 在二本目和五本目中，"仕太刀"后退时的步伐过小，过于依赖手部动作来完成拨击和上擦。

　　3. 在四本目和七本目中，刺入的刀尖没有下沉到位。同时，在这两本中，"打太刀"的身体都应保持前倾。

　　请务必明确区分错误操作和做得不够好的差异。

　　在初段和二段的剑道形考试中，如果严格按照要求进行评判，恐怕有九成以上的考生都无法通过。然而，考虑到不合格会给学习者带来挫败感，影响他们的积极性，审查官们在实际操作中往往会放宽标准。这样做是为了让学员们能够保持向下一个段位挑战的动力，继续坚持剑道的练习。

　　实际技巧考试时的情况也是如此。当审查官看到打击力度不够或无效打击过多时，他们也会感到为难。但最终还是倾向于以鼓励为主，适当放宽标准让考生通过。

　　因此，希望读者们不要以为通过了升段审查就认为已经达到了目标。实战技巧和剑道形就像车的两个轮子，缺一不可。剑道学习者应时刻牢记"形即稽古，稽古即形"的原则，虚心接受老师的教诲，不断磨炼、琢磨自己的技艺，并勤于练习。

从"形"中提炼出的技法、理法

　　做中段之构时要找到对手身上的正中线，剑尖一定不能从正中线上偏离，否则一定会受到攻击。自然站立，左手向前伸出，此时左手的位置即为握竹刀做中段之构时的位置，左手拇指的第一关节应正好位于肚脐前一拳的距离，再加上右手的动作，右脚向前一步，便是中段之构。左手从中段上举即为上段之构。此时的右手保持拿刀的角度直接降下，便是八相之构，右手和刀锷应位于右脸颊附近。左手重新回到中段的位置，将刀尖降下，如果左手位置正确的话，刀尖应当正好在膝盖下方 3—6 厘米处。

进行正面打击时，要果断地进入有效距离，"嘭"的一声打击即可。大家所学的应该都是这种打面方法：维持中段之构进入一足一刀的距离，左脚蹬地、右脚向前踏出进行打面。大家初学这种打法时是否觉得动作顺畅自然呢？如果觉得不自然，那一定是打击方式本身存在问题。最容易理解的正击面动作出现在小太刀三本目中的"打太刀"之形。"右脚、左脚各走一步，随后再出右脚时，'仕太刀'意欲以入身的身法逼近，直接从中段抬起成双手右上段，斩向'仕太刀'正面"，这就是基本的打面姿势。

明治以来，道场剑道逐渐受到欢迎，稽古通常在铺了木地板的道场中进行，步伐也由步足（二足一刀）转变为送足。大家在稽古开始和结束时都会练习的切返，就是基于二足一刀步伐的基础应用。具体来说，在从较远的距离开始进入一足一刀的距离的同时，右手不需紧握，只需轻轻附在刀上，以左手举刀，做类似"拧茶巾"的动作来进行打面。

在升段审查中，实技考察环节只要能打出一本符合要求的正击面，即可被认为具备初段的水准；同时，如果切返动作能够完成得漂亮，也代表选手达到了初段水平。

如剑道形七本目所展示的那样，打拨击胴采用的是双手打击方式，也就是主要使用了右手。当右手向前伸出时，左脚自然而然地会随之迈出。如果尝试以左手配合右脚来打胴，左脚会停留在原地，这样的动作会在瞬间造成静止，给对方留下可乘之机，他们只需挥刀向下便可轻易打中我们。然而，若以右手引导左脚进行打胴，我们的左肩能够深入对手的防线之内，使其难以攻击到我们。随后，右脚再迈到左脚前方，这样我们的视线便能够始终锁定对手。这就是与形相符的打胴动作。如果我们尝试以右脚先行迈出进行打胴，身体容易向右倾斜，导致我们的视线无法一直集中在对手身上。因此，按照理法，打胴时应先出左脚。

在六本目的上擦小手和七本目的打胴两个动作中，都是先出左脚，再用右手进行打击。这体现了左脚一动，右手就会随之而动的理法原则。

三本目、四本目、七本目所展示的，是灵活利用刀的特性的刀法，它们分别对应刺击的三种不同处理方式。

在剑道形中，虽然同样是在表达打正击面的动作，但实际上却运用了三种不同的表述方式，它们分别是"打正面"（正面を打つ）、"向正面打入"（正面に打ち込む）和"向正面斩下"（正面に打ち下ろす）。建议读者们仔细研读日本剑道形解说书，以深入理解其中的细微差别。

在七本目中，我们并不是在做一个简单的"气碰"，而是真刀真枪地做出互刺的攻防之形。当我们理解了这一点后，就能更容易掌握七本目中"悬中待"的逼无可退的距离、闪过打面时的呼吸，以及使视线不离开对手的使刀方法。

笔者在十多年前开始专注于"提升自身之位"的剑道修行。在接触并深入学习了"十能七艺"以及《五轮书》中的技法与心法后，我终于成功地从"井蛙剑道"的局限中跳出，迈向了"调动对手取胜""先胜后战"的理法剑道境界。

希望读者们都能积极投身于日本剑道形的修炼之中。通过这样的努力,你们将能从稽古中体会到更多的奥妙与乐趣,让稽古变得更加有趣且富有意义。

守、破、离

从字面意思上来理解,"守"的含义是"观察"和"精确地模仿";"破"意味着"打破"或"颠覆";而"离"则代表"分离"和"远离"。在剑道中,"守、破、离"象征着修行的三个递进阶段。"守"是初级阶段,重点在于学习和模仿;"破"是在"守"的基础上寻求突破和进步;"离"则是在"破"之后达到的更高层次,意味着能够自成一家,开创新的剑道路径。

在"守"阶段,学习者需要全面掌握打击的基础知识、动作要领、发声技巧和速度控制。尽管初学者水平有限,但应避免过分专注于"手技"的练习,同时也不应涉猎其他流派的内容。在老师的指导下,学习者应逐步提高自身技艺。在达到三段之前,应专注于基本技术的练习,这些基本技术包括从中段之构开始的所有动作,以及实用招式的训练。

在考取初段时,如果无法准确打击对方的面部,则一定无法通过考试。这一点在级位考试中同样适用。把握打击面部的机会对于攻击方来说至关重要,而距离的控制在这一过程中扮演着关键角色。因此,教练在指导时应特别关注这一点。

以下是一些至关重要的原则。

1. 使用"同时互击之先"的招式时,应与对手前进的动作相协调,自己也要主动前进。即使距离稍远,对手也会主动调整距离,因此无须强求自己勉强进行的打击。

2. 如果对手从静止状态直接发起攻击,他们必然会暴露出"启动"的破绽。此时,只需捕捉到这个启动动作并进行反击即可。因此,占据先机并发起进攻,做好打击准备,这样便能更清晰地预判对手的动作。

3. "打完了再打,闪开了再打,退开了再打",但要注意的是,不存在"格挡了再打"的情况。因为一旦做出格挡动作,就意味着已经处于下风。当一次打击未能得分时,应迅速捕捉先机,连续发动攻击以取得胜利。但要避免在没有占据先机的情况下盲目进攻,这样的打击往往是无效的。"想打往往是被打的原因",一味地猛打并不是高明的剑道策略。

4. 绝对不能后退,在后退的过程中无法进行有效的打击。

5. 剑尖绝不能指向对手身体之外的地方,应始终保持在对手的咽喉的高度,且延长线应指向对手的眉心。在拥有七段、八段的剑道高手中,有些人在受到攻击后会直接准备进行格挡,有些人只会左右挥开而不会拍开,还有些人会使剑尖指向外侧。这些行为都导致剑尖无法保持稳定,从而容易被对方突破防线。剑道形三本目的"仕太刀"拦拿之后的反刺进攻是一种非常出色的中段攻击方式,这一点必须牢记。

在指导青少年学习剑道时,我们应时刻铭记佐伯老师的教诲:"从基础开始,以基础结束。"在达到三段之前,学习者应严格按照教练的指导进行练习。而一旦进入四段,便开始了"破"的阶段。此时,由于基础技术已经熟练掌握并融入身体中,因此可以尝试练习更为高级的杀剑技,通过破解对方的"构"和打入技来取得胜利。如果在这个过程中遇到困难,那说明当前水平与段位不匹配,此时应重新夯实基础技术。"初心不可忘"——这是范士九段小城满睦的忠告。此外,在"破"的阶段之后,学习者还可以进一步探索其他流派的内容,吸收其精华,从而开辟出新的剑道路径,成为更强大的剑道修行者。

经过深入研究并超越了"破"的阶段后,学习者将能够形成自己独特的见解和理解,达到"离"的境界。在这一阶段,学习者甚至可以创造出属于自己的剑道流派。然而,即使达到了这样的高度,也应保持终身学习的态度,不断追求更高的境界。

"守、破、离"的理念不仅适用于剑道修行,更可以广泛应用于人生的各个方面。

基本与理法——关于对青少年的指导

剑是心,心不正则剑不正,故欲学剑则必先自心始。

——岛田虎之助

从天之理。

——宫本武藏

在剑道新手达到相当程度的水平之前,应让他们在行为、礼法、气魄、发声、步伐、打击、形等各方面都全盘接纳老师的教诲,不间断地充分练习。

理法

日本剑道形本身即剑法基础,应从中提取出必要部分,反复练习。其中最重要的理法是"从天之理",也就是让身体顺应自然规律运动。

目的

剑道的目的和理念是通过修炼技术和法则来塑造人格。由于重点在于修炼理法,因此不要过多用手做小动作打击。

1. 在剑道中,竹刀的使用方法是通过上下"挥动"来发力,这与棒球或高尔夫球中的挥杆动作类似,只是方向有所不同。

2. 持刀方法至关重要。所有的打击动作都始于中段之构,因此,如果中段之构松散或抬手进行格挡,就无法有效地执行打击。同时,打击的距离也是需要仔细把握的。

3. 步伐应该留有余势。高水平剑道练习者在挥刀斩击后,通常会借助余势继续走两三步。在剑道形中(为了演示目的),打击完成后会暂时保持打击姿势一段时间。

4. 通过基础练习,如打入和切返,可以熟练掌握刀法和步伐的运用。

基本的打击方法

1. 在指导新手时,应从三拍子的打击节奏开始练习,然后逐渐过渡到两拍子,直到能够一气呵成地完成打击。

2. 在挥刀过程中,右手在举刀阶段仅起辅助作用,而左手则负责将刀举起。右手主要用于挥刀斩击。在执行打面和打小手动作时,应确保刀尖切实地斩落。打面时,左手应停在下颚高度。

3. 在道场剑道中,原则上应使用继足和送足的步伐,避免变成小跑步。高水平练习者也可以采用更加自然的步伐。

4. 升段审查要求如下:初段只需打出先之面即可合格;二段需要打出连续技或拨击技才能合格;三段则要求以充沛的气势

打出扎实的一本；直到三段为止，都是关于"守"阶段的锻炼；而四段则应该能够运用"破"的阶段的实战招式。

指导的心构

在进行指导时，仍然应该以鼓励为主，采用"先演示、后模仿、再夸奖"的方法。如果需要提出批评，切记不要当众进行。然而，当学员做出气合时，应该当着所有人的面给予肯定。

稽古的做法

1. 打入稽古（指导稽古）

要求准确击中各个指定的打击部位，同时充分喊出相应的口号，对于连续技巧也同样有着严格要求。需要反复进行练习，以达到熟练。

2. 挂稽古

此稽古的目标是学员能够成功击中上位老师一次（一本）。在这一过程中，指导者不应后退，也不应故意留出破绽供学员攻击。只有当学员能够真正击中老师一次，才能认为练习是充分的。

3. 试合稽古

这种稽古是为了让学员记住比赛策略，并提高在比赛中获胜的能力。它主要训练学员捕捉"三种不可放过之处"、运用"三杀法"以及抓住机会进行打击，因此对学员的技术熟练度有很高的要求。不过，这种练习本身也是提高技术熟练度的一个好方法。例如，通过假装攻击小手来迷惑对手，实则突然转攻其面部；或者在攻击小手之后迅速进行二连击，再次攻击面部；又或者从打击距离之外快速切入中线进行攻击以及捕捉对手动作中的破绽,进行迅速的一击。这些技巧都需要通过实战演练来不断磨炼。

4. 互角稽古(地稽古)

这种稽古方式针对"守"的阶段基本技术的熟练度高、达到"破"的水准的人,它主要是提升学员从对手身上得分的能力。然而,这种稽古方式很容易变得过于游戏化,因此必须在指导者的监督和许可下进行。

5. 见稽古

这是一种通过观察高段位老师的稽古过程,让自己的身体充分感受他们的姿势、形态、技巧、步伐及打击声音(这是"手之内"纯熟的一种表现)的无形稽古方式。

6. 出稽古——武者修行

当学员通过长期的练习,将技巧磨炼到熟练的程度后,他们可以去其他道场进行稽古,以检验自己的水平。然而,如果学员只是单纯稽古而忽略了其他形式的练习,他们的剑道水平可能会逐渐下降。达到"离"的境界的老师,无论面对什么样的对手,都能保持自己的形体稳定。而熟练度较低的学员可能会因为过于想要攻击而被对手牵着鼻子走,从而破坏自己的姿态,一味地追求"手技"。因此,即使在出稽古中,接受更高段位的老师的指导也是非常重要的。

对青少年的指导

对青少年的指导应以使他们能够正确打出基本技巧为目标。只需简单转述老师的教导,就可以帮助学员提高水平。同时,青少年要百分之百地信任并遵循老师的指导。

老人的稽古

随着年龄的增长,稽古中的击打与被击打变得相对次要,更重要的是将剑道的修行融入生活中。通过培养每天进步一点的心态,可以借助剑道修行来提升自我,进而过上更加充实的人生。同时,还能助力年轻人塑造健全的人格。以下是一些值得分享的心得。

1. 当对手发动攻击时,即使他们没有击中你,但只要你的内心产生了动摇,就应该坦然承认自己输了。大方地告诉对手"我输了",并从中反省和提升自己。

2. 单纯依赖速度取胜并不能被视为成熟的技术。

3. 我们应该继承和发扬古代圣人们的教诲,而不是自行发明创造。

4. 在争夺"初太刀"(初始攻击机会)和先机时,决定胜负的更多是你的心态,而非单纯的技巧。因此,我们应注重心性的磨炼,并保持谦逊的态度。

5. 稽古时不必过分勉强自己,每次练习控制在 30 分钟到 1小时之间即可。

6. 挥剑时要善于运用策略,而不仅仅是体力。稽古过程中要遵循科学的运动方式,同时确保气力充沛。

7. 日常生活中要保持一定的节奏和规律。

8. 如果是短暂的路程,一定要自己步行。

9. 要培养自己的胆识和勇气。

10. 选用长短、轻重适合自己的竹刀。

11. 一定要做准备运动。

新明一刀流剑道形

基本　练习剑道形
宗家　川端邦彦

引　言

　　《五轮书》的"地之卷"开篇写道："兵法,作为武士的专业技能,不仅将领必须精通,其部下亦应熟知。然而,如今能够深谙兵法之道的武士已寥寥无几。"同样地,在现代剑道中,"通晓剑之理法者"也几乎难觅踪影。

　　日本剑道形的目的在于锤炼学习者的心智、技能和体魄,它所展现的是真刀的"刀法"精髓。这套刀法包括"五形之构"和"活用刀的特性"的技法。由于刀身脆弱,若以刀挡敌则刃口会卷曲,若用刀身拍击则刀可能会断裂,因此应学会"避开攻击以后打、错身而过打、上擦、拦拿、卷返、支刺"①等技巧。

---

① 引号中的动作分别对应日本剑道形中二本目仕太刀、七本目仕太刀、五本目仕太刀、三本目仕太刀、四本目仕太刀、七本目仕太刀的动作。——译者注

　　然而,在穿着防护装备进行对抗的现代剑道中,由于不会造成真正的伤害或疼痛,剑道逐渐演变成了以触碰为主体的运动,从而失去了剑道原有的"一击必杀"和"第一刀定胜负"的精神内核,成了竞技剑道。

　　"新明一刀流"虽然源于现代剑道,但打破了其陈规旧习,秉持"一动即取一本,不做无效击打"的信念。尽管其理论基础源自日本剑道形,但也有所创新和发展。日本剑道形主要侧重于刀法技巧,并未涵盖诸如"三先""三杀法"等攻击策略;而"新明一刀流"旨在无论作为攻击方还是防守方,都能在战斗中取得胜利。若想学习本流派,必须先领会以下几个关键要点,并避免过分沉迷于技术。

新明一刀流要点

左右手的用法

　　左手:负责握住竹刀、举刀、做动作、把刀往前送。

　　右手:负责使竹刀向下打。

　　剑道主要依赖左手进行打击。由于左手在剑道中占据主导地位,因此身体始终正面面对对手。从对手的视角来看,这种"构"会让人感觉双方的距离很远;然而从自己这一方来看,双方的距离却很近。另外,由于右手只是起到辅助作用,所以在打击的瞬间以及打击后的残心阶段,右手都不会紧握竹刀。

关于"拧茶巾"

　　无论是在进攻、应对、别开、刺击、上举还是打击时,左手都应该以"拧茶巾"的感觉向内拧转。所有的打击动作，无论是下斩还是前切，都由左手主导，右手拇指则以"拧茶巾"的感觉向内侧拧转并同时按压刀柄进行打击。当右手的拇指和食指进行"拧茶巾"动作时，左手手臂会随之自然伸直，仿佛向前推送一般，能够沿着对手的中线直直地切下（面部攻击）。如果不掌握"拧茶巾"的技巧，就无法打出真正意义上的剑道打击。

"拧茶巾"的关键在于左右拇指的根部向内拧转。左手的拇指和食指轻轻按压，其余三指便会自然握紧；当左手拇指向内拧转时，竹刀的刀刃不再指向正下方，而是指向左斜下方。要采用这种"构"进行进攻。由于右手只是辅助手，所以拇指和食指轻轻捏着刀柄，后三指仅仅贴附在刀柄上，并不紧握竹刀。

"观之目"与"见之目"

眼法包含"观之目"和"见之目"两种。"观之目"更为强大，能够清晰地观察到对手的动作，深入洞察对手的意图，从而引导对手动起来并击败他（"悬"）。欲胜过对手，必先战胜自己（在等待中暗藏"先之悬"和"先先之悬"），然后再战胜对手。必须随时都保持能打出去的状态，也就是所谓用心来看。此秘诀除了自己亲身领悟以外没有其他方法。

"见之目"比较弱。我们不能把注意力放在一处，唯有纵观全局才能做到上述的状态。简而言之，在战斗中，我们应首先迈出一步以缩短与对手的距离，做好打击（"悬"）的准备，在清晰了解对手的动作后，再迈出第二步，以"云耀之速"打击。

直通之位（水之卷）

直通之位即指自己的心与对手的心直接相通。无论对手如何出招，总能找到应对之策。当达到无心之境时，便能自然而然地做出相应的招式来防范对手。如何在对手发动攻击的瞬间进行反击，这需要在日复一日的训练中自行体悟，别无他法。

我们不应仅仅追求击中对手以取得胜利，而应清晰地洞察对手的一举一动，迫使对手动起来，做到"胜而后战"。这种策略源于《孙子兵法》的"军形篇"："古之所谓善战者，胜于易胜者也……是故胜兵先胜而后求战。"其含义是，在战斗之前就已做好充分准备，确保胜利在望，然后再寻求与敌交战。

当对手忙于应对、防御或等待时，他们便不会主动攻击，因此在这个时候我们肯定是安全的。基于此，当我们发动攻击时，就更容易发现并把握住打击机会。如果对手想要先防守再反击，他们的动作就会变得迟缓，形成所谓的"两拍子"动作。一旦动作的节奏被打乱，他们就无法打出有效的一击。

"胜而后战"乃剑之理法

当被对手攻击时，如果内心动摇，便已经输了。同样地，如果只是一味地等待而无心打击，那也意味着失败[1]。

距离

在"新明一刀流"中，我们强调的距离是"触刃"的距离，即双方持中段之构对峙时，仅刀尖（专有名词叫做"帽子"）部分相互接触的距离。而一足一刀的距离既适合对手发动攻击，也是我们发动攻击时需要通过的距离。我们先将对手逼至一足一刀的距离，做出欲打击的姿势以引诱对手，让对手自己缩短距离靠近

---

[1]　使对方陷入这种状态，便是"胜而后战"的策略。——译者注

我们，然后我们以直通之心让对手按招我方所想出招，最后化解其攻击并反击之。

枕押

所谓枕押指的是当头部刚刚从枕头上抬起时，可以非常轻松地将其按回去。在剑之理法中，有"三杀法"和"三种不可放过之处①"的概念。我们需要通过"观之目""见之目"两种眼法和直通之位，来观察对手的动作，随机应变以取得胜利。打击的机会主要包括以下几种：对手发动攻击时、招式完成时以及停止不动时。切不可忘记的是，在前述的打击之前要"杀掉"对手的气、剑、体，这就是所谓的"三杀法"。这一方法在练习和切磋中至关重要。具体来说，可以但不限于按照以下步骤进行。

1. 以竹刀从表侧或者里侧偏开对手竹剑、往前骑进去②，从上方停止对手竹刀的动作。

2. 左手以"拧茶巾"的感觉微微上举，右手随动，在对手想往前时用刀尖从上方攻其胸。

3. 刀尖放低，轻触对手竹刀的左镐部；或者转到里侧从下方打小手。此时对手（假如以防御来应对的话）就不会打过来，我方便可出手打击。

在攻击时做好随时应对的准备，这样就可以与对手的前进或攻击动作"直通"起来，在其"起动"瞬间使其停止。这时，使用"先之技"攻击对手将变得非常容易。这并不涉及"杀气""杀剑"

---

① 日文为"三つの許さぬ所"，对自己来说要极力避免产生的三种间隙，放在对手身上也可理解为三种击打的好机会，分别是"心之隙""技之隙""身体之隙"，其具体表现为起动之时、招式完结之时、停止不动之时。——译者注

② 日文为"張り寄せる"，详见后文。——译者注

或"杀体",而是仅仅抓住"先先之先"的机会进行打击。如果总想着要攻击对手,那么在"起动"的瞬间就可能会遭受攻击。

余裕

在一足一刀的距离,对手可以直接发动打击。当对手以 60 厘米的步幅跨步进攻时,如果我方也后退 60 厘米,就可以避开对手的刀尖。同样地,当对手以 60 厘米的步幅跨步进攻时,如果我方不后退,而是以 10 厘米左右的幅度向左右躲避,也可以轻松避开对手的攻击,这就是所谓的余裕技(余裕技和拨击技的区别在于,余裕技是通过步伐调整来实现的,而不需要破坏自身的架势)。

左手主导

左手的主要职责是握住竹刀,并随着左腰的动作推动、上举、下压或刺出竹刀。当左手主导动作时,身体会始终保持正向面对对手。当右手挥刀斩下时,左脚会顺应斩下的惯性跟随右脚,使身体立即进入能够发出后续攻击的状态。如果采用右脚向前踏出、右手攻击的方式,身体则会微微转向右侧(右肩在前,左肩在后)。作为打击脚的右脚着地时,左脚如果还落在后面,就无法立刻做出后续动作。当左手上举时,右脚会自然而然地向前迈进。我们应该利用这一步("盗足"),再继续向前一步,右手以"拧茶巾"的感觉进行打击。

从中段之构开始,如果出右脚并用右手进行打击,这是右手主导的动作。在这种情况下,右手会完全抑制左手的运动(握刀、上举、刺出的动作),并且左脚无法跟上右手打击时迈出的右脚。这会导致打击时的体态微微向右偏转,与对手的距离也会变远。由于左脚落在后面，不得不尽量让左脚跟上，这会使动作变得勉强。由此可以判断，如果右手主导的动作不主动去缩短与对手的距离并发起攻击，是很难击中对手的。

在剑道中，左手的动作支配着一切，包括攻击、应对、刺击、下压、别开等，而右手则根据左手的指令进行打击和挥动。左手中指、无名指、小指和手掌应牢牢握住竹刀的刀柄，左手随着左腰的运动，一边像"拧茶巾"一样旋转，一边向前推进攻击。当以刺向对手脸部的感觉抬刀时，左肩会向前移动，右脚也会随之自然地前进。这时，身体是正对着对手的。在正对对手的情况下，即使处于对手无法攻击到的距离（"触刃"），我方也能轻松地打到正击面。右手应使用拇指和食指捏住竹刀，后三个手指仅轻轻贴在刀柄上。即使在打击的瞬间，也不能紧握刀柄，一旦紧握，就不便于右手的挥刀动作，应该通过左手上举和左肘伸直来进行打击。在打击的瞬间，右手的拇指应以"拧茶巾"的感觉向内侧按压，正是拇指和食指的按压产生了挥刀的动作。顺着刀的挥动，可以笔直地向下攻击对手的面部中心线。如果右手的两指以"拧茶巾"的方式进行打击，左脚就会自然地跟随右脚前进。

在进行切返练习的陪练时，可以利用左手拇指向内拧的动作，以竹刀的左镐部向上擦过打来的左面；对于右面，则可以使用作为辅助手的右手的拇指像"拧茶巾"一样向内拧转，同时左手做出下压的动作，将右面擦落。由于右手始终只是轻轻贴在刀柄上，因此在用左手进行擦上动作时，右手始终保持在一个可以随时攻击对手面部的状态。而在进行擦落动作时，虽然左手占主导地位，但右手也会同时动作，因此无法立即进行面部攻击。在进行擦上和擦落动作时，双脚应顺应左手的动作自然地前后左右移动。在陪练切返时,要让身体记住左手、右手这种无意识的自然动作。

如果经常练习上述动作,那么在对手的竹刀即将落到面部的瞬间,左手就能无意识地做出擦上动作,同时右手的两指会自动地做出攻击面部的动作。在练习中,一定要让身体记住这些动作。如果疏于练习,好不容易记住的动作就可能会被遗忘。这一点需要切记。

当对手以右脚向前,开始"起动"攻击之时,我方要配合其右脚的动作(即同步),右手保持中段之构,左手微微上抬,因为此时双方进行的是互刺的动作,因此右脚也自然地稍微向前移动。如果对手的胸口被顶住,他就会感到犹豫、迷惑,不知道该攻击哪里好,想要进攻的心思就会被遏制。如果对手想要继续出手打击,就必然会再次产生"起动"。无论什么情况下,我们都要以左手为主导,做出"先"之气攻,阻止对手的打击。这需要在长年累月的练习中不断积累经验。刀尖应始终保持灵活,要在对手"起动"的瞬间制止他(即"枕押"),攻击其胸部、咽喉。如果这样应对,右脚就会随着左手伸出的动作向前跨步,再利用右手拇指和食指的"拧茶巾"动作,便能一击命中对手。

假如用右手起刀,刀尖就会先往上抬起,这样对手就能看到刀的腹部,也就是"起动"会被对手察觉到。要想做出不让对手看到刀腹的动作,或者说不让对手察觉到"起动",右手就得维持中段之构,以杠杆的支点的感觉保持刀尖不动,用左手向前攻击、上举。而且,左手的"起动"要与对手右脚即将向前的动作相配合。

在日本剑道形的七本目"仕太刀"中,当双方相刺时,左脚是向后退的。但如果不后退,而是在左手向内做拧转动作以支撑

刺击、向前迎击的同时，右脚也向前移动——在这个瞬间，右手
拇指和食指的拧转动作会使双手的刺击从刺向脸部转变为刺向
头顶，然后再被压下来形成对面部的击打。这就是"同时互击之
先"的"先之技"。因为左手的位置高于对手的左手，所以能更容
易地击中对手的面部。这是"新明一刀流"的绝技之一。

正击面的基本与应用

在"新明一刀流"剑道形的一本目中包含有正击面，这一训
练的主要目的是通过击打面部来教授学员们正确的打击方式。

在切返练习中，正击面是最基本的打面技巧——从中段之
构开始的正击面。练习时，首先要从对手无法出手打击的距离
果断地进入到一足一刀的距离，然后举刀击打面部。然而，在实
际的比赛和切磋中，想要如此简单地击中对手并非易事。对于
日本剑道形的演武而言，由于使用的是木刀或未开刃的真刀，这
在一定程度上存在危险性。如果在"打太刀"和"仕太刀"的练习
中，双方的呼吸节奏不能协调一致，那么就无法顺利完成演武。

值得庆幸的是，在"新明一刀流"的剑道形训练中，学员们都
会穿上护具进行练习，这样就无须担心安全问题。因此，学员们
可以更加专注于做出正确的打击动作，并深切体会"手之内"的
感觉。

正击面作为最基础的打击技巧，其中蕴含了相当多的要领。
因此，对于初学者而言，必须首先掌握这一技巧。

持刀方法

1. 左手的小指、无名指和中指应始终紧握竹刀，握力比例大

约维持在 10：9：8。在打击动作发出前,这些手指都不能放松,否则无法形成有效的打击。

2. 在打击的瞬间及打击完成后,右手只有拇指和食指轻贴在刀柄上,其余三个手指必须保持松弛,不应握紧。

3.以上是握刀和挥刀的基本原则。

总的来说,右手始终只是起到辅助作用,剑道的所有动作都应以左手为主导来完成。

最基础的"构"是左手主导的双手中段的"构"。应始终保持正对对手,如此一来,在打击瞬间,即使没有有意识地让后面的左脚靠上右脚,左脚也会在打到的瞬间自然地跟上右脚。刀尖应保持在对手咽喉的高度。左手做向内"拧茶巾"的动作,并略微向前推出,形成攻的动作来缩短距离。由于此时身体处于自然的体势,因此一旦动作起来,先迈出的是右脚。

在缩短距离时,应利用自己竹刀的左镐部来压开对手的竹刀。如果在此过程中保持刀尖高度不变,左手维持着破开对手中段防线的感觉继续前进,那么动作就变成了双手刺击,这是一种不破坏自己中段防守的刺击技巧。

又或者,左手继续压入后举到对手下颚高度,右手拇指根部以"拧茶巾"的方式向下压刀柄,这样竹刀就会被挥下,形成打面。这种左手上举后停住、用右手打击的方式运用了杠杆原理(切先部分斩下的抛入面[①]),要在实际的打击练习中体会什么是正确的打面。在实战时,内心不能被对手的招式和干扰所影响,

---

① 日文为"抛り込み面",也作"投りこみ面"(ほりこみめん)。以将刀的切先"抛"到打击部位上的感觉进行打击。剑道用语词典中对抛入面的说明如下:"当用'抛'的感觉将刀挥出时,手可以相当放松,出刀速度也很快。在最后瞬间小指收紧,使刀停下。这种手指的急张缓急的使用方法即手之内。"——译者注

应追求像"不动智"一样的心态。

4. 打击小手的招式,其实是正击面技巧的另一种应用。左手仅微微上抬,利用杠杆原理,保持左手高度不变,右手拇指做"拧茶巾",然后直直地打下去,这样便是打小手的技巧。切忌右手比左手先动,或者以右手主导斜着打击。务必做到左手带动右手的联动。

5. 如果在练习中沉迷于修炼迅速打击小手的招式,久而久之,就会形成以手部技巧为核心的剑道风格。虽然这样能满足一时的成就感,但将来很难达到更高的水平。

正确的一击应该是:以"气"发起进攻,将对手的动作全部压制住。当对手无法忍受而出手时,抓住这个机会(即"先先之先")打出一击。如果自顾自地进行打击,势必会暴露出起手的破绽而被对手反击。

如何不让对手看到招式的"起动"——不让打

正确的双手中段之构的刀尖在对手咽喉高度,延长线指向对手左眼。

斋村五郎在自传中写道:"练习中不能忘了刺击。"只需摆出正确的"构",就能在切磋中做到"不让对手打",而若能做到这一点,便可以说已经理解了剑道的精髓。盲目地出手打击只是体育竞技,而并非真正的剑道。

有了这样的"构"之后,便可以衍生出以下这些"不让打"的技巧。

1. 当对手试图出手打面时,我方应同时前进一步,保持中段之构不变并刺向其面部。刺击的过程中,刀尖的轨迹应从对手正脸移至颚下,在对手的竹刀上方利用右手(用刀)顶住对手。

2.当对手打面过来时,应把握同时打击的感觉,用刀尖按住对手的刀柄,此技巧也可从里侧使用,右手用力压住对手为打面而抬起的右手,刀尖压在右小手拳头的根部。

3.借鉴"柳生新阴流"的"一之太刀"之技,配合对手欲打面的起手动作,以同时互击的先之气将刀挥出,狠狠斩向对手的右面(注意不是正面,而是切返练习中的左右面的右面)。这样,对手的刀会被往右偏开打空,而我方则能打中其面部。

4.在对手"起动"招式的瞬间,从其竹刀上方以双手突刺顶住。

5.捕捉对手从远距离欲进入一足一刀距离的动作,我方应同时"起动",在保持中段之构的前提下,从表侧或里侧将对手的刀以出端张技(后文详述)压住,形成斜十字交叉状。由于动作被压制,对手会在一瞬间产生畏惧。若是从里侧压开,对手在畏惧之后会马上恢复姿势,并且很有可能会打向面部。此时,左手可以轻松地抬起转回到左侧,打对手的右胴。若从外侧压开,则可以直接打面。然而,当我方做出打面动作时,对手为了避免被打中必定会抬手防御。此时可出右脚,打对手右胴。注意左手应移至右侧,右手在上。

关于拍子

所谓拍子,就是节奏。宫本武藏在《五轮书》中写道:"世间万物皆有拍子。"有些拍子比较显而易见,如音乐和舞蹈的拍子,而在剑道、柔道甚至马术中,也同样存在拍子。在剑道中,脚步和手的节奏至关重要,如果在打击的瞬间没有合上节奏,则攻击很可能无法得手。

为了便于理解,我们可以将剑道的节奏划分为脚的节奏(移

动)、手的节奏(攻击)以及打击的节奏。打鼓的"咚、咚"的鼓点①
与剑道的拍子最为吻合。

剑道的动作通常以左手的运动为起始,随后右手挥下,因此
形成了"左→右"这样的节奏。例如,攻击(左手)→打击(右手);
擦上(左手)→打面或小手(右手);迎接并挡下对手的打击(左
手)→反击打返胴(右手);刺击起手(左手)→刺出(右手)。这些
动作的节奏都遵循着"咚、咚"的拍子,即左手→右手的运动
节奏。

步伐应顺应两步一刀的节奏。具体来说,就是第一步缩短
与对手的距离,在第二步脚踏地板的同时进行打击(一刀)。这
也同样遵循着"咚、咚"的节奏。在实战中,这可以表现为我方主
动进攻(咚),对手被攻击后做出反应(咚)的节奏;或者是对手直
接发动攻击(咚),我方在挡下这一击的同时以更快的速度进行
反击(咚);所有这些情况都遵循着"咚、咚"的拍子。

在一种无所拘束、心无杂念的状态下,也存在着拍子。这种
"咚、咚"的节奏如果在一瞬间完成,就被称为一拍子。

左手的动作(新明一刀流)

从中段之构开始,如果依赖右手主导动作,例如出右脚的同
时伸出右手进行打击,这样的动作是无法与左手主导的动作相
抗衡的。当右手发动一击的同时右脚踏出,而左脚却落在身后,
这会使得动作微微偏向右半身,打击完成后只能生硬地将左脚
收回。实际上,右手和右脚同时产生动作的情况并不常见,这更

---

① 所谓"咚、咚"的鼓点指的是左右手交替各打一下的两连击。——译者注

像是在表演德岛的阿波舞,而非剑道实战。

　　在剑道中,左手负责掌管所有的运动,包括进攻、应对和招架,而右手则主要负责打击和挥刀。因此,右手的握力应保持适中,既不过于紧绷也不松弛,右手仅仅起到辅助作用。当左手向前推出刀进行进攻,或刺向对手的脸部时,左肩能够前出,正面对抗对手。正面对抗意味着在这个距离内对手无法触及我们,而我们却能轻易地发动正面打击(即本书中所述的对对手较远而对自己有利的距离)。这两种情况下,右手都只是轻轻地附在刀上。在实战中,当左手进行上擦动作时,右手应处于可以瞬间发动打面的状态。然而,在将右侧擦落(打落)时,虽然动作仍然由左手主导,但右手也会同时运动。

　　高尔夫球选手青木功曾说:"上半身无论练习量多大,都很难记住动作。相比之下,下半身更容易记住动作。这意味着上半身的动作是跟随脚的动作而动的。如果不把底盘练稳,上半身的动作很难保持稳定。"因此,我们应避免仅依赖手部进行打击动作。

　　如果我们能够熟练地运用左手进行擦上和擦落的动作(步伐应根据左手的动作自然地前后、左右移动),那么当对手的竹刀即将落到我们面上之前,我们的左手就能无意识地做出擦上或擦落的反应。在左手擦上的瞬间,作为辅助手的右手会无意识地发动打面。要培养这种身体反应,大量的练习是必不可少的。正因如此,如果疏于练习,好不容易养成的身体记忆就会逐渐消失。

　　当对手右脚向前,准备发动打面攻击时,我们应配合对手的右脚动作(同步),右手维持中段之构不动,而左手则微微抬起,指向对手的胸突①部位压制对手。这会使对手在一瞬间感到迷惑，不知道应该攻击哪里，从而瞬间制止他们的攻击意图。一旦对手试图重新发动攻击，就必然会产生招式的起动破绽。我们必须通过勤奋的练习，确保在任何情况下都能以"先"之气攻使对手打无可打。我们的剑尖应始终占据中墨，攻向对手的胸或咽喉，当左手往前动时，右脚就伴随踏出，然后再接上右手的一击，就能打中对手。

宫本武藏曾说："中段的构型才是其本意所在。"如果我们依赖右手主导动作，剑尖就会过早地指向上方，导致竹刀的刀腹暴露于对手。为了隐藏"起动"的动作并避免刀腹被看见，右手应该仅发挥杠杆原理中支点的作用，维持剑尖不动，左手负责往前攻或者在"先"的时机举刀（左手配合对手右脚即将向前的动作）。

---

① "胸突"即胴的上半部。虽然"胸突"曾也被作为有效打击部位，但这里并非是为了得本而指向"胸突"，而是为了压制对手。——译者注

面技（新明一刀流）

悬之先：先先之先

1.正擊面 （正击面）	基本的面技，当对手降低剑尖时以一拍子打击。
2.喝咄 （喝咄）	以刺击对手的感觉进攻，剑尖抬起的同时一口气打击。
3.張り寄せ面 （張擊面）	在对手欲出手之时（出端的时机），保持自身中段之构不变，压制其竹刀（将其刀向外张开）的同时将刀刺出打面（若对手做出应返对应，则从打面变化为打胴）。
4.摺り上げ面 （上擦面）	从对手竹刀下方向上擦开并打面，在一拍中完成，而非拨击面那样的两拍子。
5.小手仕掛け面 （打手面）	让对手看到我方打小手的动作并做出反应，然后打面。
6.応じ面 （应面）	对手被我方进攻，选择直接打面过来，我方做出应招的动作给其看后立即转为打面（所谓应招的动作是左手拧茶巾降低刀尖、左手微微上抬，接着右手拧茶巾，擦开对手竹刀的同时打面）。
7.張り付け面 （里侧张击面）	应对对手打小手，维持中段之构，在左脚向前一小步的同时用右手从上方压对手的刀，再接着出右脚的同时打面。

相对之先：先之先/同时打击之先

1.打ち込み面 （打入面）	即"柳生新阴流"的"一之太刀"，占据同时打击之先的面（利用"拧茶巾"擦入击面）。
2.出頭面 （出头面）	即在对手欲出手打击之时打的出端面（右脚和对手右脚运动保持同步，左手抬得比对手高，以将刀尖抛到对手头顶的感觉击打）。
3.余し面/抜き面 （余裕面/拨击面）	应对对手打来的面，身体向左右避开然后打面。有外、里两种打法。

待之先：后之先

1. 小手摺り上げ面 （小手上擦面）	对手打小手时以左右镐部上擦、打面。
2.巻き返し面 （卷返面）	对手打小手时左手"拧茶巾"，以左镐部接住，左脚向前一步做出卷返打面。
3. 摺り上げ面 （上擦面）	利用左镐向上擦开对手打来的面，同时在一拍子中用右手打面（以同时互击的感觉，在对手打面同时做出上擦）。
4. 摺り上げ面 （上擦面）	右脚直接后撤一步，在退的同时打上擦面。
5. 小手引き付け面 （回手面）	将左手拉回到左肩的位置，右手打面、左手跟随（类似右手跟随的左手单手面）。
6.すかし面 （落空面）	对手打面过来时后退一步，使其攻击落空，然后打面。
7.横面 （横面）	对手打小手时以左手单手打对手的右面。

宫本武藏有云："有等待之意时即已告负。""待之先"是"后之先"，并不足以成为能够制胜的招式。我们应该积极地进攻对

手,压制他们即将发起攻击的脚步和身体动作,做出"先先之先"的招式。

如果我们能够左右偏开对手的竹刀,或压制其出端,或拨开其出端,又或者以刺击进攻对手,那么对手的念头会有一瞬间的停滞。能捕捉到这一瞬间并做出打击,即"先先之先"。只有用攻击来抓住先机的招式,才能充分克敌制胜。

小手技(新明一刀流)

悬之先:先先之先

1. 正击小手 (正击小手)	基本的小手技。保持中段构接近,抬左手、右手"拧茶巾",切先便会落下,顺势将切先"抛"到对手右小手之上。
2. 捲き小手 (回旋小手)	从中段之构开始,左手"拧茶巾",使刀尖下降,从对手竹刀下方向左转,然后在内侧做右手"拧茶巾"使切先落下,抛击对手小手(小手→刺)。
3. 内小手 (内小手)	在对手刀尖降低之时打击其右小手内侧。
4. 出頭小手 (出头小手)	对手欲出手打小手或面时打击其出端(双手做"拧茶巾",攻对手中墨,可逼对手出手并露出破绽。一边响应其动作,一边以同时打击的感觉打小手)。
5. 払い小手 (拨击小手)	将对手刀从表侧或里侧拨开后打小手。
6. 担ぎ小手 (担击小手)	保持中段之构,做出前进的样子,然后将刀担到左侧,一口气打击对手右小手。
7. 張り寄せ小手 (张击小手)	以中段之构从里侧向右张剑,按照"咚、咚"的鼓点节奏打击右小手。

相对之先:先之先/同时打击之先

1.余し小手 (余裕小手)	应对对手打面过来,保持中段之构不变,左脚开始向左斜后方退,打击对手伸直的右小手。
2.押え小手 (押击小手)	对手打面过来时左脚微微开足,用刀压住其右小手。在对手继续向前,和我方并排时,边后退边打击小手。

待之先:后之先

1.卷き返し小手 (卷返小手)	对手打小手时左手"拧茶巾",以左镐部接住,左手向前做出卷返小手。
2.抜き小手 (拨击小手)	对手打小手时左脚退一步,小手向后抽,然后再大步前踏,打对手的右小手。
3. 上げ小手 (上抬小手)	当对手做出上段,或做出其他动作、构的变化而抬手到上段位置时,击其左右小手。
4. 応じ返し小手 (应返小手)	以左手响应对手打来的面,一边左脚微微向左开足,一边左手向前接下击面,以右手"拧茶巾"打对方右小手(在锷竞时同理,若对手打退击面,则合上其动作打应返小手)。
5.担ぎ小手 (担击小手)	以将对手打来的面拉到身边的感觉,在一拍子中将自己的刀担到左肩、打击对手伸直到极限的右小手。
6.摺り上げ小手 (上擦小手)	日本剑道形仕太刀六本目。

胴技（新明一刀流）

1. 抜き胴 （拨击胴）	对手为了打正击面而右脚向前一步、正要出手打击瞬间，我方也配合其右脚动而出左脚，形成左半身、避过对手的面。一边与对手错身而过，一边打其右胴。向右穿越过去时水平地将刀拉出。
2. 張り寄せ胴 （张击胴）	右脚一步向前，从里侧将对手的剑张开；对手欲起手打击时立即看穿，出左脚成左半身，将压制着对手的刀转过来打击右胴。
3. 表張り寄せ胴 （表侧张击胴）	保持中段之构，从上方压制对手攻来的刀。若直接打面，对手会反应过来，欲接住这一击。此时左手变招伸向右前，左脚同时前跨成左半身，打对手右胴。
4. 応じ返し胴 （应返胴）	以左镐接下对手的正击面，并转到另一侧，出左脚转体打右胴。
5. 逆胴 （逆胴）	我方主动打面过去并体碰，对手若向后退缩则退左脚打左胴。
6. 居敷胴 （居敷胴）	在剑道中有名为居敷胴的胴技，但并非"新明一刀流"招式。

"新明一刀流"是不会进入锷竞的剑道，因此没有从锷竞开始的退击技。此类招式仅存在于竞技剑道中。

锷竞技（新明一刀流）

1. 引き面 （退击面）	一边轻压对手，一边退左脚，右脚跟随，在此瞬间打面。
2. 引き面 （退击面）	压对手，随后顺着对手反压的力量出左脚后退，右脚跟随，打面。
3. 引き小手 （退击小手）	微微向右压对手。对手反压的瞬间退左脚，右脚跟随，一边向左后方退的同时一边打击右小手。
4. 返し面 （返面）	微微向右压对手。对手反压的瞬间退左脚，右脚跟随，一边向左后方退的同时右手做"拧茶巾"，使刀来到内侧打右面。
5. 返し上げ小手（上抬返小手）	当对手为了打面而双手上举，欲斩下的瞬间，右手做"拧茶巾"，使刀来到内侧打右小手。
6. 抜き胴 （拨击胴）	当对手为了打面而双手上举的瞬间，左脚向前成左半身打右胴。
7. 張り付け面 （里侧张击面）	对手的退击小手或者退击胴即将打下的瞬间，身体直接转为左半身，将其刀向外张开，再出右脚打正面。

极意（新明一刀流）

技艺并非秘而不传，只因难以传授。

——柳生家传书

"新明一刀流"将"同时互击之先"作为极意，应时刻牢记。充满悬待之气，在无心的状态下以云耀之速做出"先先之先"的打击。

虽然剑道是对手之间的生死较量,其中也蕴含着追求自保的"活人剑"理念。这种剑法并不依赖腕力去挥舞刀剑,而是顺应"天之理"来移动身体。

在运用"霞构"攻击对手时,迫使其出手的瞬间,就是我们打击的瞬间。此外,当对手双手手肘上抬或出右脚时,也是发动打击的良好时机。

1. 应避免使用无法一击制胜的技巧,因为过多的无效打击是技术水平低下的表现。

2. 动必取一本。

3. 主动进攻打击,迎下攻击打击,压制中线打击。

4. 触碰到对手竹刀的瞬间,以一拍子打击(机缘斩[①])。

5. 以"霞构"进攻,刀尖不从面部流上离开,始终保持指着对手脸的状态。

6. 竹刀应用左手举起,用右手垂直斩下。忌斜向打击。

7. 左手主导打击,右手辅以"拧茶巾",切忌右手握住竹刀。

8. 打面及小手时,应使切先先斩下[②](抛入面、抛入小手)。

9. 打小手其实是小手→刺。

10. 有时间格挡的话还不如反击。

11. 心中勿生空隙,由于对手的进攻而内心动摇的话就会输。

12. 所谓"构"即是等待,而等待则会告负("有构、无构")。

---

① 原文为"緑のあたり",出自宫本武藏的《五轮书》,书中解释为:当你发动进攻而敌人试图招架或躲避时,用一招攻其头部、双手和双足。这种在任何可能的情况下突然发动的太刀袭击就叫做"机缘斩"。——译者注

② 打中时刀尖应低于左手。——译者注

13. 水流不流月，即月影能够停留在流动的水面上（不动心）。

14. 身体是武器（步法、体法），不要仅用手打，应顺应理法打击。

15. 忌左脚蹬地，应始终支撑住身体，利用偷步出手打击。

16. 专心学习老师的教诲。极意就是能够胜过他流的理法。

17. 不应简单追求命中对手取胜，而应看清对手的动作，使其被迫动起来，酝酿机会而制胜。

18. 修行"仕太刀"剑法的过程就是体会极意的过程。

19. 忌两肋打开，手肘应贴着身体。

20. 右肘不应伸直，而是自然弯曲，给手留出较大的余裕。打击时应先动左手。

21. 若正对对手，则相对对手的面会更近。①

22. 左手的正确位置与"构"是剑道中至关重要的因素。

23. 一足一刀的距离是会被打的距离。

24. 缺乏老师指导、不听从指导、专注于修炼招式、在练习中怠惰都会导致水平难以上升。

能乐演员在初学时可能会关注"手该如何动"或"脚该如何动"，然而，随着熟练度的提升，即使独自表演也能达到无念无想的境界。这与心如止水的禅僧的心境是相通的，剑道的心境也应如此。

剑是运动的"禅"。

---

① 这句话是针对右肩在前、左肩在后的略斜的站姿说的，由于正对对手时会比斜的站姿时左肩更往前，因此就离对手的面更近了。——译者注

剑是心——左手主导

幕末剑豪岛田虎之助有云："剑是心，心不正则剑不正，故欲学剑则必先自心始。"这句话对于剑道修行者可以说是金科玉律。

宫本武藏在《五轮书》的"地之卷"开篇中写道："兵法作为武士的一门技艺，不光将领要精通，其部下也应熟知。然而，如今能通晓兵法真谛的武士已经寥寥无几。"

如果说"剑是心"的"心"就是理法的话，那么剑道也就是追求理法之道。对现代剑道修炼者来说，首先应学好正确的基本功（"守"①）。

然而，自战后开始修炼剑道的人，即使是达到高段位的老师也很少有人能够真正理解"剑心"（"守"），并给出相应的指导。

在"守"的阶段，学习到的"剑之理合"②会根据指导老师对剑道的理解程度而有很大的不同，其正确与否完全取决于老师的水平。由于学习者本身并不具备判断能力，因此能够遇到一位良师就显得尤为重要，只有这样才能培养出周正的"剑心"。

宫本武藏认为"剑应顺从天之理"，这里的"天之理"即指人类身体的自然运动规律。勉强身体做出来的"构"、步法及手脚联动都不属于"守"的范畴。"守"应该是以左手握刀、上举、刺、斩，在打击时右手作为辅助手，利用拇指向内拧的动作从上侧将刀压下。一言概之，"新明一刀流"的"心"就是左手做先手（左手

---

① 这里的"守"出自"守、破、离"的概念，原为禅宗用语，现多见于日本武道、茶道中对不同修行阶段的描述。——译者注

② "剑之理合"可以简单理解为剑理。——译者注

主导）。

左手主导的理合

从中段之构开始，如果左手拇指一边内旋、一边向外推，则左肩会随之向前，形成完全正对对手的"构"。脚自然从对峙的距离一步跨入一足一刀的攻击距离。接下来用心进攻，即通过观察对手的心理活动，发现机会，便以左手主导运刀（右手辅助）进行打击。随着左手的动作，右脚也会同步大步踏入（第二步），从而轻松地进行打击。这就是中段之构正击面所用的二足一刀的理法。

如果过于急切地想要打击，那么在右脚大步踏入时，就会不由自主地用右手主导，从而导致以下不利情况。

1. 本应紧握竹刀的左手会被右手和右脚的动作所限制，使得左手在打击时无法伸直，而是处于弯曲状态。

2. 打击时的身体姿势会变成右肩在前的半身架势，左脚无法及时跟上，落在身体后面，这是典型的不符合技法原理的打击。为了避免左脚落后，只能勉强用送足的方式让左脚跟上。

维持中段之构不崩解

在保持中段之构不崩解的基础上，以左手抬剑（左肩前出、右手辅助）可以带来以下优势。

1. 当对手抢先打正击面过来时，无须刻意做出上擦动作，仅仅是抬起左手进行打面的动作就已产生上擦的效果。在"新明一刀流"中，没有必要专门进行上擦或格挡（同时互击之气）。

2. 由于左手抬手的动作已经能够接下对手的正击面，因此在竹刀相触的瞬间可以灵活转变为左手主导的击右胴动作。

3. 左手上举的位置应该在中段之构时左手位置的正上方，即左眼的左侧。

左眼左侧的位置

利用左眼左侧这一关键位置，可以确保自己不被对手击中，同时又能有效地击中对手（这是"新明一刀流"的特点）。具体应用如下。

1. 从左眼的高度可以打对手的右小手（大幅度的小手技，出自日本剑道形二本目）。

2. 从左眼的高度打对手面（左肩前出、右手辅助）时，左手能够比对手打面时的左手位置更高，从而保证在互击面的场合中占据优势。

3. 可以轻松做出上擦或击胴的动作。

不变的出手位置

举个简单的例子，在棒球比赛中，投球手为了保证球路不被击球者看穿，无论投出什么样的变化球，都会从相同的位置出手。

在剑道中，每个人都通过练习积累了一定的经验，能够洞察对手意图打击的部位。如果能够做到打面、打小手、打胴的起始动作（从相同位置出手）都保持一致，那么对手就很难看穿你的攻击意图了。这样一来，你在剑道对战中就会占据更大的优势。

关于新明一刀流基本练习形的制定

前文已述，现代剑道已经失去了原有的"一刀必杀"的核心理念，更多地被视为一项体育运动，因此，它与古武道的精髓渐行渐远。具体来说，古武道的理念不追求简单地击中对手以取胜，而是利用"观之目"看穿对手心中欲出手打击之念头，迫使其动起来，使其无法有效打击，从而制造出确切的胜机来取得胜利，这才是剑之理法。古流中有诸多观点深刻地阐述了这一点。

由于现代剑道推动了作为体育竞技项目的国际剑道的发展，以及全日本剑道联盟所举办的国际比赛，这加速了日本传统剑道从人们视野中的淡出。此外，如今几乎找不到仍然坚持"一刀必杀"这一剑道精髓进行剑道修炼和传授的范士老师了。借用宫本武藏的话来说，"如今能通晓兵法真谛的武士已经寥寥无几"。

我个人尝试将古流中的剑道真谛总结为约四十招的竹刀刀法。虽然在实战中想要自如运用这四十招如同攀登蜀道一样艰难，但是通过日复一日的练习，掌握其背后的真谛，便能在实战中轻松取胜。

在现代剑道比赛中，双方选手往往在经过大量的无效打击后才能得分，而且很多选手的得意技都是自己摸索出来的非正统打法。出于对这样的剑道现状的担忧，我根据古武道理念，整理了一套竹刀剑道，命名为"新明一刀流"。

其中，运用"新明一刀流"理法（即招式）的一方称为"仕太刀"，而作为对手进行打击的一方则被称为"打太刀"。与日本剑道形中老师一方始终输给弟子的设定不同，"新明一刀流"更注重实战性。因为日本剑道形最初的编纂目的是向中学生传授基础刀法，所以其内容仅涉及刀的使用方法，与剑道的本质——一击制敌的格斗技巧相去甚远。作为生死相搏的剑道，练习应该即实战，实战也应该即练习。

　　在基本练习形中的"新明一刀流"刀法都可以直接运用到竹刀稽古中。"新明一刀流"的基础就是无论作为"仕太刀"还是"打太刀"都能制胜的刀法。其中还包含了从"守"的阶段开始到"破"的阶段的心法，极意是"同时互击之先"。此剑道练习形中以左手主导，左手始终占据先机，逼迫对手不得不动。当对手打来时，左手一边向内侧绞、一边向前推出的话，就能形成进攻与应对的架势，右脚自然地向前一步，进入一足一刀的距离，这就是"仕太刀"之"构"。当"仕太刀"以此"构"攻入对手的领域，心（"观之目"）却感觉不到对手进攻之气的瞬间，则转换为"打太刀"，压制对手的动作（"三杀法"）并做出一本技。同样地，练习形中也有"打太刀"转换为"仕太刀"并取得先机制胜的场合。

　　此练习形也可用不开刃的真刀或木刀来进行。然而如此一来，便无法体会到打击瞬间的切感，或者说是"手之内"。因此，最好是在穿着护具的情况下以竹刀来实践，通过"手之内"的理合做出面、小手、胴以及刺击。

　　由于在练习时穿着护具，能实实在在地掌握打击的手感，并且"打太刀""仕太刀"的切换犹如实战中一般，因此学员通过练习形可以掌握正确的一本的方法。

　　笔者认为，通过大量打击以期能取得一本的剑道并不值得推崇，因为其中不存在理法。真正的剑道无论在"仕太刀"还是"打太刀"的场合下，都能保证己方一动就必定能够取得一本。

　　"新明一刀流"的练习共包含十五招，每一招都能在对手"起动"或停滞的瞬间确保取胜。

新明一刀流基本练习形解说书

　　"新明一刀流"基本练习形是剑道精髓的集大成者，它是一种在穿戴护具的情况下进行相互打击练习的实践剑道形式。这种练习形适合从小学生到高段位的剑道爱好者进行日常练习。

　　在这个练习中，练习的关键在于避免无效打击，无论是在扮演"打太刀"还是"仕太刀"的角色时，都应追求一动即能取得一本，即有效打击。打击时必须符合"手之内"的理合。

　　在练习中，"打太刀"虽然始终占据先机，但"仕太刀"可以与其同时启动，以同时互击的"气"之先打击、取胜。又或者，当"仕太刀"感觉不到"打太刀"有抢占先机打来之"气"，而心中灵光乍现的瞬间，立即转换为"打太刀"，以"先先之先"打入取胜。此练习形既可以用于日常训练，也可以在比赛中应用，使对手找不到可乘之机并进行打击。

　　这个练习形中教授的是一击必杀的刀法。"新明一刀流"剑道形的刀法继承自古武道的系统，因此，可以像古流一样使用未开封的刀或木刀进行练习。像日本剑道形那样在击中前停止的形式，实践性则略显不足。

　　例如，"柳生新阴流"在演练剑道形时，使用袋竹刀和特别加厚的手甲，以便能够实实在在地进行打击练习。"新明一刀流"参考了这种做法，在双方穿戴护具、使用竹刀的情况下进行剑道形的操练，这样方便练习者更好地掌握"手之内"。

　　身体必须遵循自然的运动规律，刻意摆出的姿势和动作往往无法充分应对对手的进攻和打击。所谓自然的运动规律就是先动左手，然后右手跟随运动，之后反复进行"左→右"的动作；

脚步也是如此,先出右脚,再出左脚,就像平时走路一样双脚交替前进(可参照日本剑道形)。其节奏就像是"咚、咚"的拍子,以二足一刀的距离进行打击,整个过程毫不勉强。举例来说,就是左手进攻→右手打击、左手压制→右手打击、左手应对→右手打击。

练习剑道形时,需要学会看破对手打面和小手的动作,一旦掌握,就能够"杀掉"对手的招式,或者以"同时互击之先"直接进行打击。因此,无论作为打击方还是元立方,都有相应的练习内容,双方都能充分投入剑道形的练习中。

日本剑道形中虽然展示了刀法和五法之构,然而在实践剑道中,几乎没人灵活运用这五法之构。除了中段之构以外,仅有少数人会用上段构。

虽然宫本武藏在《五轮书》中写到"中段的构型才是其本意所在",且我们平时练习中通常都持中段之构,但日本剑道形中并不存在从中段之构直接打面的技巧。四本目中从八相(八双)、胁构派生出的交剑①的形式源自"柳生新阴流"的"一之太刀",它是以"同时互击之先"打出的正击面。然而,若在练习形中实际做出"同时互击之先"的技的话,那是非常危险的。因此,这个动作在剑道形中被改为了交剑。

练习形一本目的核心即"同时互击之先",这正是一刀必杀的精髓。由于这是实践剑道形,所以在练习中就应追求成为不让对手击中的剑道,其中,必须做到的基础便是看破对手的剑技,因此在练习形中也加入了"看破"的练习。

练习形中包含了大技、小技、面、胴、小手、刺击、"三杀法"、

---

① 原文为"切り結び"。——译者注

"同时互击之先"，以及引诱对手攻击然后取胜的"先先之先"，还有在感觉到对手没有进攻意图时，自如地转换为攻击方进行打击等内容。为了确保每一招都能有效打击，这对练习时的专注力也是一种考验。所谓"观见直通"就是指将对手的心与自己的心直接相连，通过预判对手的动作来取得胜利。

新明一刀流基本练习形（表目录）

主动出击

"仕太刀"者从双方对峙的距离开始，左手拇指以向内"拧茶巾"的感觉往前推；被此动作带动，右脚会自然地进入一足一刀的距离，这就是"攻"。"打太刀"者需捕捉"仕太刀"缩短距离的动作，然后运用先手技巧攻击面部或手部。

双方都应做着出手打击（"悬"）的准备（"攻"），并且在等待中集中注意力，以引诱对手做出动作，并随时准备抓住其"起动"的时机打入。这就是"悬待悬"。

在做"新明一刀流"基本练习形时，"打太刀"与"仕太刀"双方都应大声做出"面""小手""胴"的气合。

看破打面

"打太刀"先进入一足一刀的距离打"仕太刀"的面，转身残心后再打一个面回到开始位置。"仕太刀"要在此过程中仔细识别出"打太刀"打面过来时的左手高度。接下来双方交换角色，由"仕太刀"打两个面。注意，打完面后要有余势和残心。

一本目　　正击面（大技）　　　　同时互击

"仕太刀"在之前观察到"打太刀"打面时左手高度的前提下,保证自己左手较对手高一拳的高度,以"同时互击之先"打"打太刀"的面,顺着余势往前继续走两三步。接着再转身重复一遍,回到原位,然后换"打太刀"做一遍。同时击面时,左手高的一方能够胜出。

二本目　出端小手(小技)　　　"打太刀":面

"同时互击之先"之技。"仕太刀"配合上"打太刀"打面的"起动",与之同时出手,右脚前跨一小步,右手"拧茶巾",以小幅度的动作打到对手的右小手,之后左脚跟上。打完两次以后与"打太刀"交换。

三本目　拨击胴(大技)　　　"打太刀":面

"仕太刀"应对"打太刀"的击面,往前出右脚,做同时击面之势,随后立刻出左脚到前面,打"打太刀"的右胴,接着出右脚往前走,身体朝向左侧,再继续退左脚做出残心之构。打完两次以后与"打太刀"交换。

四本目　小手面－小手胴(小技)　"打太刀":中段
　　　　　　　　　　　　　　"仕太刀":打太刀

"仕太刀"捕捉"打太刀"保持着中段欲缩短距离过来的"起动"动作,占据先机打小手、面,接着打小手、胴回到原位。

注意:"仕太刀"打小手时是右脚向前踏入,以小技打"打太刀"的右小手,接着再派生变化出打面。小手、面和小手、胴都应一本一本独立打,而非连续技。打完后与"打太刀"交换。

五本目　押面技　　　　　　"打太刀":面

五本目到七本目是("退击技")不让对手打到的技("表、里")。

"仕太刀"保持中段、以气攻对手,在清晰地看破对手击面的基础上，从左脚开始向斜后方退的同时，保持自己的构型不崩坏，左手微微上举，以竹刀压住"打太刀"的右小手，一边向右转一边将其击面卸掉①（里技）。接着同样地看破"打太刀"击面，换成右脚向前，微抬左手，压住"打太刀"的竹刀刀柄，左脚一边跟到右脚后面一边向左转体，卸掉打面（表技）。从表侧或里侧卸掉攻击后，迅速出右脚，从侧面打对手的面。

六本目　担击小手　　　　　　　"打太刀"：面

"仕太刀"看破对手打面的同时，保持左肘贴紧身体，右脚担到左肩上，向后退左脚，打"打太刀"的右小手。打完回原位，打两次换人。

七本目　应返胴　　　　　　　"打太刀"：面

"仕太刀"看破"打太刀"的击面的同时以左手肘往上顶来迎下，右脚向右开足，将刀转到另一侧打右胴；左脚拉到右脚后方，向左转身做出残心。"打太刀"打第二个面，看破的同时左脚微微向后退，一边左手往上顶接下打面，一边右开足打右胴，左脚跟到右脚后方，一边左转一边做出残心。回到原位后与"打太刀"交换。

八本目　表侧张技　　　　　　　"打太刀"：中段

八本目到十本目是张技，即从表侧或里侧压制、化解"打太刀"的动作。做张技时，保持中段，左手占据先机，从上方压"打太刀"的竹刀。

抓住"打太刀"欲从对峙的距离接近而来的"起动"之机，或者判断"打太刀"没有进攻之意时，"仕太刀"变换为"打太刀"，保持中段不松懈，出右脚向前；左脚跟上的同时微微向左转，使得

---

①　原文为"摺り流し"。——译者注

刀尖指向对手右肩附近。此时双方竹刀呈斜十字交叉。左手压着"打太刀"的竹刀向外张开,抑制其行动,接着迅速打"打太刀"的面。此表侧的技做两次后交换。

高段位者做"仕太刀"的情况下,以斜十字封住对手行动后还可以使用双手刺击。表侧的张击一共有上述两种。

　　九本目　　里侧张击小手　　　　　"打太刀":中段

同上,"仕太刀"在两种情况下转换为"打太刀",保持中段不松懈,右脚大步向前,刀尖从里侧指向对手左肩,左脚跟上时微微转向右侧,用左手以斜十字的形式压着"打太刀"的竹刀向外张开,封住对手行动后左手迅速收回,打对手的右小手。做两次后交换。

　　十本目　　里侧张返胴　　　　　　"打太刀":中段

同上,"仕太刀"在两种情况下转换为"打太刀",保持中段不松懈,右脚大步向前,刀尖从里侧指向对手左肩,左脚跟上时微微转向右侧,用左手以斜十字的形式压着"打太刀"的竹刀向外张开。若对手欲强行往上回压并打面,则借其回压的力自然地将刀收回,出左脚成左半身,打对手右胴。接着再出右脚向前,一边左转一边收回左脚,做残心。打两次后交换。

看破打小手

从十一本目开始是小手技。

"打太刀"进入一足一刀的距离,打"仕太刀"的右小手,打两遍。"仕太刀"让自己的小手被实实在在地打到,并仔细观察"打太刀"打小手的"起动"动作。在让"打太刀"打中之后,保持脚不动,做小动作打甲手打回去。"打太刀"和"仕太刀"两方的打击应顺应"咚、咚"的节奏。

"打太刀"第三次打小手过来时，左手以往右臂下方挤的感觉靠到右侧，此时刀刃应斜向下方，刀尖刺向对手胸部；应对击小手，以小技向右上擦，左手随即回到中段之构的位置，顺势打"打太刀"的右小手。"仕太刀"应看清"打太刀"的竹刀运动轨迹。打完之后交换。

"仕太刀"运用的技巧是上擦小手，与日本剑道形六本目中的上擦小手不同的是，在此练习中脚保持不动，打完后回到中段。

十一本目　应面(表)、应小手(里)　　"打太刀"：中段

　　　　　　　　　　　　　　　　　"仕太刀"："打太刀"

"仕太刀"应对"打太刀"的攻以刺对应，形成双方互刺的局面。刀刃朝左下，刀尖微微向右打开，对于"打太刀"可能的小手打击准备好以左镐部来防御，为此稍将手抬起。以此杀去"打太刀"欲打入而来之气，随后左手主导、右手跟随，做势要刺"打太刀"的脸，右手伴随右脚踏入做"拧茶巾"打面。

"打太刀"第二遍攻过来时同样以左镐部防御的姿势迎下，刀尖从对手竹刀下方转到里侧，左手伴随右脚踏入回到中段，垂直向下打小手。打完后交换。

十二本目　擦入小手　　　　　　　"仕太刀"："打太刀"

"仕太刀"变换为"打太刀"，占据先机进入里侧；用前述的左手向右臂下方挤的感觉将对手竹刀向右压，保持右半身之"构"出右脚，左手楔入，以刀尖刺胸进攻。随即迅速变化，左手回中段打小手。打两次后交换。

十三本目　小手上擦面(外、里)　　"打太刀"：小手

"打太刀"打小手，"仕太刀"在同时互击的时机向上高抬左镐上擦，在右脚踏出同时打面。下一本则换成高抬右镐上擦，出

右脚的同时打面。注意,上擦时应如十二本目的擦入一样来做。

十四本目 小手拨击面　　　　　"打太刀":小手

"打太刀"攻入到一足一刀的距离打"仕太刀"的右小手。"仕太刀"从中段开始双手一起迅速向上拨,避过击小手,然后打"打太刀"的面。以"同时互击之先"打击。打完回到中段做残心。

十三本目的表小手上擦面同样从中段开始,其上擦姿势可以参照这一式中避过击小手之后一瞬的姿势。

十五本目 喝、咄(刺胸、打面)　　　　"仕太刀":"打太刀"

"打太刀"从对峙距离进到一足一刀距离、欲出手打击之际,"仕太刀"看破其"起动",以"同时互击之先"之气刺出左手、右脚有力地踏入一步,同时保持中段大"喝"一声,刺"打太刀"的胸,并使左脚跟上。在对手畏怯的一瞬间再大声喊出"咄",右脚再出一步打面。打完后继续走两三步,整理好体势做出残心,回到原位。

针对高段位者来说,抓到"打太刀""起动"之先时可以抬左手,右脚向前踏入,以双手刺"打太刀"的咽喉部,完全抹杀"打太刀"的打入技。切先从上往下运动,从上方犀利地突刺,刀刃朝向下方。

攻和打的时候一定要大声喊出"突、面"或者"喝、咄"。圆明流的喝、咄之技是现代剑道正击面的原型。

左手拇指以"拧茶巾"的感觉向前推,整个身体一起突入,"喝"的一声刺胸,右脚会自然地迈一大步。保持右脚在地板上微微浮起的状态,左手从刺胸转为以刺脸的感觉抬到面部上方,此时浮起的右脚和腰可以再出一步,在着地时利用右手"拧茶巾"打击对手面部,并喊出"咄"。从"起动"到命中做一拍子打击,这就是取得先机的正击面打法。左手拇指前推的同时身体和步伐也"起动"的动作是第一步的"咚",踏入的右脚着地同时,打面的动作是第二部的"咚",合起来就是一拍子的"咚、咚"。

不仅限于正击面,所有的打击动作都是以两步一刀的节奏打击。第一步缩短距离,即进攻,既是引诱对手动作,也是主动出击;第二步打击是最基本的动作。

新明一刀流基本练习形应用目录(里目录)

一本目	小手上擦小手	"打太刀":小手
以右镐接下小手,顺势回到中线打小手。		
二本目	小手受面(通称小手返面)	"打太刀":小手
以左镐接下小手,做小幅度动作回到中线打面。		
三本目	小手受返小手(通称小手返小手)	"打太刀":小手
以左镐迎上、接下小手,做卷返转到内侧打小手或面。		
四本目	小手余裕面	"打太刀":小手
应对击小手保持中段,从里侧让开,再大动作打面。		
五本目	小手余裕小手	"打太刀":小手
应对击小手,以小动作做下段让开,退左脚打小手。		
六本目	上拨面 表	"打太刀":中段
(十三本目上擦面的变化技)做中下段,以同时互击之气进攻,以左镐从下方向"打太刀"的右面之上上拨(刀刃朝向右下),打面。		
七本目	上拨面 里	"打太刀":中段
从里侧攻小手,以右镐向"打太刀"的左面之上上拨(刀刃朝向左下),打面。		

八本目	押返 表	"打太刀":中段

应对"打太刀"从表侧压来,以同时互刺的感觉转到里侧打擦入小手。打完后可继续变招打面。或者打完小手后以右镐压制对手竹刀,变招为十本目的里侧张返胴。

九本目	押返 里	"打太刀":中段

应对"打太刀"从里侧压来,一边出右脚一边将刀担在左侧,踏入同时打面。

十本目	押入面	"打太刀":中段

(八本目表侧张技的变化技)以中段前进,利用双手"拧茶巾"将刀尖刺向对手的脸,以左镐压制对手竹刀,随即举刀过头打面。

极	胴引	锷竞
口传		

新明一刀流的稽古与指导

"新明一刀流"基本练习形的效果

1.能够掌握正确的"手之内"的打击。

2.掌握悬、待、表、里的战术,即通过主动进攻(悬)取胜、通过等待取胜、通过攻表打里取胜、通过攻里打表取胜。

3.自然地体会身法。当预测出对手的动作时,可在"先先之先"的时间点驱使身体做丝毫不勉强的打击。

4.将剑道提升到有"位"的水平,即扫除所有恐惧疑惑,使打击带上充分的自信,如此一来也就不会做出格挡、等待、应招的反应,也不会因惧怕失败而内心动摇,可以以平常心稽古。

5.对于青少年和低段位者来说，表目录的数本形富含指导意义。

6.对于高段位者来说，可以充分习得表目录、里目录中的内容，并在实战中融会贯通，作为应用技使出。例如，表目录十一本目变招为十五本目，或者是"打太刀"做出里目录的七本目至八本目的攻，"仕太刀"用对应的进攻技将其动作封住。

7.基本练习剑道形即稽古，在比赛中也可以用这些形来取胜。

8.由于在练习中加入了看破，因此能逐渐理解对手的动向。

9.在理解对手动向的基础上能够较容易地掌握相应的"仕太刀"的必胜技。

10.能够成为让对手无法打击的剑道。

11.能够成为不做无效打击的剑道，即一刀必杀的剑道。

12.能够掌握并使用多个应对对手打面、打小手的"仕太刀"的必胜技。

13.能够掌握并使用应对对手中段的"仕太刀"的进攻技。

14.能够掌握并使用三种打击方式的理法：(1)举刀过头打击；(2)大技(大动作)打击；(3)小技(小动作)打击。

打面对应的是举刀过头(从上段开始)和大技(大动作)两种打法。

举刀过头的打面技

表目录：

一本目	取"同时互击之先"、使切先切下打击——抛入面。
一本目	取"同时互击之先"打击,错身而过时将竹刀平行于对手竹刀切下打面。
十三本目	从表、里的上擦面。
十四本目	小手拨击面。

里目录：

三本目	小手受返面。
六至七本目	上拨面。
十本目	押入、压制后打面。

大技（大动作）打面技

表目录：

四本目	小手面。
八本目	将对手竹刀向外张开后打面。
十一本目	应面。
十五本目	喝咄。

里目录：

二本目	小手受面（表侧）。
四本目	小手余裕面。
九本目	应对里侧压力,转到表侧打面。

能够理解不会被打到与能够打到的刀法：不会被打到的刀法——双方的竹刀相交叉；能够打到的刀法——与对方竹刀平行着打击。

在稽古中应注意之处

1.运用"新明一刀流"技巧的"仕太刀"者占据上位，与之相对应的是主动发起打击的"打太刀"者。

2.通过修炼基本练习剑道形，便能够获得前述所列举的种种效果。

3.在稽古中，可以自由地运用已经掌握的各种技巧。

4.应避免强行进行打击，而应顺应对手的动作来施展相应的招式，这就是"观见直通"的原则。

5.把左手放在肚脐前做"构"的乃是"我流"，这种"构"容易导致被打。要注意，正中线应放在对手身上，而不是自己身上。

6."仕太刀"者既可以选择一口气完成全部十五本的练习，也可以在每打完一本后与"打太刀"者交换角色。这两种练法可以根据个人喜好自由选择。在完成表目录的练习后，接着进行里目录的练习。

不让打及攻的指导

1.当对手进攻时，可以采用双手刺水月（即从刀锷上方的外侧进行压制）的方式来应对，此时刀刃应朝向右下方。或者转到里侧，从刀锷上方的里侧进行压制，此时刀刃应朝向左下方。

2.剑道中的所有招式基本形式，都可以归纳为从刀锷上方的表侧或里侧进行进攻。反过来说，从这种基本进攻形式也可以衍生出各种不同的打法。

3.那些偏离了基本形的招式,不能被视为充分的招式,如应招之后的上擦面,将剑担起来打的拨击小手,或是佯刺之后横向拨开等。

4.研究如何快速、多次地击打的是竞技剑道,而非真正的剑道。真正的剑道应该能够使用木刀,一出手就干净利落地打出一本面或一本小手,即一击必胜。胜负只在一击之间决定,反复互击的只能算是练习而已。

当练习者把"新明一刀流"基本练习形练习到能够自如使用时,他的剑道之位便相当于二段。

什么是新明一刀流?

"新明一刀流"是一种汇聚了"柳生新阴流""圆明流""北辰一刀流"和其他一刀流等古武道极意的竹刀剑道。它追求一刀必杀,动即取一本,这与现代主流的竞技剑道有所差异。无论身处"打太刀"的位置还是"仕太刀"的位置,"新明一刀流"都能够一本制胜。

1."悬、待、表、里"①,即主动出手(悬)打击、守株待兔(待)打击、攻表侧打里侧及攻里侧打表侧这四种手段。常说的"悬、待"一致,并非字面意思上的简单结合,而是指要时刻保持一种随时可以发起攻击的状态,即"悬"其"悬""待""起"。

2.基本刀法:"新明一刀流"的基本刀法涵盖多种技巧,如压

---

① 出自"柳生新阴流"(燕飞之卷),原文意为:"悬、待、表、里"即不局限于单一手段,而是随敌变化出招,正如见风使舵、见兔撒鹰。通常的"悬"是为了进攻而进攻,"待"是为了等待而等待;然应悬非悬、待非待,悬之意在待、待之意在悬。——译者注

制后的打击、两刀交叉后的打击、避让后的打击、接住对方攻击后的反击、刺击、应招，以及抢占同时互击的先机进行打击。在执行打击动作时，右手并不主动上举，而是以左手起刀，右手斩切。打击的同时，左脚自然跟随右脚移动，顺着打击的余势再迈出两三步。

3. 剑道之真谛："柳生新阴流"十四代宗家柳生延春指出："以木刀打下、停住的形式并非真正的剑道。"也就是说，日本剑道形并非剑道的全部，而是刀法。"形即稽古"这个说法并不完全正确。

4. 兵法与剑道：宫本武藏曾言："所谓兵法即武家之法。将领应顺应兵法行事，士卒也应有所了解。然而当今之世中已无多少武士真正懂得兵法之道。"放眼当下，除了少数范士老师外，很少有人能够依据剑道的理法进行指导。大多数高段位者对于剑道的理解并不深，他们更多的是凭借自己的感觉灵巧地挥舞竹刀而已。

5. 日本剑道形中的打击方式：日本剑道形中展示了三种打击方式：举刀过头、大技（大动作）、小技（小动作），虽然注释中并未直接说明这些技巧，但在具体的招式描述中可以找到相关线索。例如六本目中写的是"举刀过头做残心"，小太刀二本目中是"从胁构变化为双手左上段举刀过头，打击正面"。总结来说，这三种打击分别是：

举刀过头：左手在额头高度，两胁打开的上段构；
大技（大动作）：左手在眼睛高度，左胁微微打开；
小技（小动作）：左手仅抬到还能保持左肘贴着身体的高度。

6."新明一刀流"的打击哲学："新明一刀流"的每一次打击都追求以"同时互击之先"取胜。例如上擦技就是在对方"打太刀"攻来的同时从下方上擦进行反击。当对手试图压刀时，也能在其做出动作的同时将刀从接触中迅速脱开并进行刺击或打击。这种技巧的核心在于压制对手的"起动"动作，从而阻止其进行有效的打击，即"枕押"。在这个过程中，强行打击是应该避免的。好的剑道中必须要有"位"，这不仅仅是要避免用蛮力来使刀，更重要的是保持站姿、打姿和后姿的优雅与协调，在应对"打太刀"的动作时，无论是通过应招、交叉、避让、压制还是上擦，其目的都是以先之气压制并化解（也就是"杀去"）对手的动作，这才是真正的"活人剑"之道。

新明一刀流心得

在剑道修炼的过程中，我们不能仅仅沉迷于迅速击打小手的"先之技"。同样重要的是，我们需要磨炼看破之技（"见切之技"），并琢磨打击的心法，勤加锻炼。

打击的心法，其核心在于通过进攻迫使对手不得不做出反应，无论是应招、被动招架还是打断他们原有的节奏。当对手试图反击时，他们必然会产生一个"起动"动作。我们的目标就是引诱对手产生这样的打击"起动"，并抢占先机，压制他们的"起动"动作。通过压制和化解对手欲向前进攻的体态，我们可以在对手发起攻击时使他们的斩击落空。这样，我们不仅阻止了对手的攻击，还能按照自己的意图自由地发动攻击。

在练习过程中，我们必须牢记，剑道的所有打击都应符合"三先"原则。关于"三先"的具体内容，我在其他篇章中有详细的阐述。

当出现下面三种情况时，我们不必焦急、慌张，只需冷静地保持"无刀之构"即可。

1.对手压住竹刀进逼而来时；

2.对手对我方的进攻做出应对时；

3.对手做出防御时。

"无刀之构"会使对手无法出手打击。而剑道是在对手出手之时开始的。宫本武藏有云："有等待之意时则即已告负。"因此"待之先"（即"后之先"）的招式并不足以克敌制胜。我们应该尽可能地主动进攻，压制对手的步伐和身体"起动"动作，以先发制人（"先先之先"）的招式进行打击。

在剑道中，左手扮演着主导一切的角色，包括进攻、应招和争夺中线等；而右手则主要负责执行打、挥等动作。因此，右手的手掌既不应该过分紧握，也不应该过于松弛，而应该保持一种随动的状态。当右手进行打或挥的动作时，左脚应该能自然地跟上前脚。同时，左手的拇指应该以"拧茶巾"的感觉向前推出，这时右脚也会自然地向前迈进一步，达到一足一刀的距离，此即攻。伴随攻的动作，左肩能够自然地向前移动，使身体正面面对对手。这样一来，即使是在对手难以触及的距离，我们也能轻松地击中对手的面部。

通过反复练习"新明一刀流"的基本剑道形，并熟练掌握应对打面和打小手的看破之技后，我们在切磋中无论是作为"仕太刀"的一方还是转换为"打太刀"的一方，都能够在自己一动之间打出一本。在这个过程中，我们需要注意避免无效打击。

　　如果在切磋中能够自如地运用十五招基本招式，那么我们的实力将会更上一层楼，自己也能明显感受到水平的提升，并变得更加自信。然而，达到这个层次后，我们不应该自满，而应该继续深入钻研更高级的应用技巧。通过大量的练习和体会自在变化之心，我们就能够无意识地使出各种招式，真正做到随心所欲、运用自如。

新明一刀流剑理

　　剑是心，心不正则剑不正，故欲学剑则必先自心始。

——岛田虎之助

剑道始于对手出手斩来之时。

　　所谓得胜并非简单打中对手，而是以"观之目"（较之"见之目"更强）将对手之心直通己心，使对手动起来，酝酿机会而制胜。即令对手如自己所愿地出手斩来，并抓住此动作的"起动"制胜。

不让对手打（使对手无法打击）乃"新明一刀流"之剑理

　　使对手无法打击的具体做法是，将竹刀从表侧或里侧交叉，接触对手的竹刀。对手在竹刀被接触到时，心会停止一瞬间，静止不动，击其静止不动之时。静止不动必生"起动"，打击此"起动"之先。

　　"新明一刀流"能胜过他流、不被打的奥秘是："刀法目录中展示的全部都是刺击技。"

看破及三种打击

1. 看破对手做着构的右拳从低于中段的位置向前攻入，或是静止不动的瞬间，即取"打太刀"之位，进行打面。

2. 看破对手做着构的右拳微微"起动"的瞬间，打其小手。

3. 看破对手做着构的右拳压迫而来之时，将其别开，打胴。

做出格挡、应招、等待即代表心已被击中告负

当对手处于格挡、应招、等待的姿势时，也就等于放弃了"三先"的打击，所以对我方来说，此时不可能会被对手打，持"无刀之构"即可。

忘了刺击便不是剑道

例如日本剑道形三本目中，"仕太刀"抹开"打太刀"的刺胸并回刺；"打太刀"将刀从下方转到另一侧，做右半身之构，将"仕太刀"的刺击向右压开，此时若伸直右手则刀尖正好指到"仕太刀"的咽喉；"仕太刀"接着以位诘继续进逼；"打太刀"再次从下方将刀转到另一侧，做出左半身之构，向左压，刀尖攻向"仕太刀"咽喉。这一式剑道形取的是双方以刺击互攻之形。

另外，在七本目中，"仕太刀"为应对"打太刀"刺胸，做出同时互刺，将对手的刺击支起。"仕太刀"支起的刀尖位置能确保在"打太刀"继续前进的情况下伤其颈动脉。

若无法以身体领会剑理，则难以习得"新明一刀流"

身体动作首先须符合基本理法才能被称为剑道。剑道应做到阻止对手打击。

无论出于"打太刀"之位还是"仕太刀"之位皆能取胜

"新明一刀流"表目录十五式及里目录十式中收录了各种情况下的获胜之法。

切磋应以一本胜负的形式进行,一刀必打。切磋即重复进行的一本胜负,其中最重要的是无论是否打中,都应做出残心。无论打 5 分钟还是 7 分钟都应保持一本胜负的心态。打中后的余势是继续走两三步,不可背对对手,视线也不能离开对手。

切磋时必须避免无效打击,真正的剑道中没有无效打击,要把"同时互击之先"的极意牢记在心。

构有五法,中段之构乃其本意

以中段为起点,能派生出各种刺击面、小手、胴的丰富多彩的招式。而从上段只能打面及小手。上段被攻入后招式会被轻易瓦解,无法做出打击。

剑道以左手主导,右手始终只是辅助手

手按照"左手→右手"的顺序交替运动,而脚按照"右脚→左脚"的顺序交替运动。应顺应"天之理法"来驱使身体,身体自然运动方为剑道之姿。无论左手前推还是上举,右脚都能跟随左手动作自然向前,此即"天之理法",也是"新明一刀流"的运动规律。

二足一刀的动作即为一击必杀的刀法

在一足一刀的距离会被打到,因此应立于远于一足一刀的安全距离。从安全距离开始,左手向前推,右脚便会自然地向前

半步、进入一足一刀的距离。此即为攻（"盗足"），同时也是准备出手打击的"待"的状态。左手再往上抬高的话，右脚便带着身体大步跨入（第二步踏入），右手同时做出打击，此为"一刀"。随着右手的打击动作，左脚会自然地跟上右脚。左手上抬时，刀尖应刺向对手脸部；当刀尖到达对手头顶上方时，右手以"拧茶巾"的动作将刀押下；打击的动作便是通过此下压完成的。右手自始至终都只贴在刀上，而并不握住，仅左手的小指、无名指、中指这三指握紧竹刀。

当正对对手（中段时的左腰和左手一起猛地向前一推后的状态）、处于横手①的距离时，对我方来说等同于一足一刀的距离，随时都可发动打击，而对对手来说则是无法打到的距离。

若以抬右手（右手主导）、出右脚的形式做出打击，会变成右半身之构。半身之构适合于小刀，而非长刀；半身之构做出打击时左肘弯曲，打完后左脚很难跟上右脚；两个缺点直接导致打击距离变短，或者说两人间的距离相对变远了。

武器并无称手、不称手之分

我们不应根据对手不同，或是在比赛来临前，区别使用不同的竹刀。在日常练习时，手边有什么样的竹刀就用什么样的竹刀，无论轻重、长短，以此战斗获取的经验是最为重要的，此即为平常心的心态。

平时应把装着刀锷的竹刀视为真刀来使用。

---

① "横手"为日本刀上切先与刀身间一条实际可见的分割线，是从刀镐延伸到刃部的一条横线，又称横手筋。横手的距离即双方持中段时横手筋相合的距离。——译者注

将竹刀刀柄改短（30—31 厘米）

将三尺九寸的竹刀的刀柄切去一寸，做成三尺八寸的竹刀使用。优点如下：

1. 重心变好；

2. 持刀时右手不会绷直，而是自然弯曲，可随时出击；

3. 可以完全正对对手，辅助左手做出押按、突刺、上抬等动作，即使是在横手的距离也能打到对手。

山海之替（火之卷）

打过"山"（面）之后再打"海"（胴），也就是不连续两次做同样的打击。

在基本技中有"小手→面→胴"的三段连续打击。对"新明一刀流"来说，打击时都应做好两连击的准备。

当成功打击到对手面部时，顺着余势做出残心即可。当击面被对手化解或接下，无法成为一本时，则立即变招为击胴。当对手主动打面过来时，则响应其动作打返胴。无论主动出击还是应招，都是"面→胴"的顺序。

打小手同理，当打在对手拳头上或打击不充分时，立即再接一支打面。对手打小手时也同样，化解其攻击后打面，也就是"小手→面"的顺序。

将"同时互击之先"的极意牢记在心

诸如面上擦面、小手上擦小手等技巧难以成为充分的招式。同时互击面时，应把左手抬高，以右手按压对手头顶的感觉，将身体乘于对手之上。

枕押 ——《五轮书》(火之卷)

将对手的攻、身体运动、招式以及心"杀"去。

不让对手打,"悬、待、表、里"("柳生新阴流"极意技)。

当有想打之心时即已被打

读出对手蠢蠢欲动的动作的心之先,将自己的打击合上其动作取胜。

剑道的打击之后没有锷竞

因为没有锷竞,也就没有从锷竞开始的退击技。打出一本后应做出残心。[①]

新明一刀流剑道形

若能看破对手的动作,则无论处于"打太刀"之位还是"仕太刀"之位,皆能自由变化而取胜。

面技及应对技

打太刀	仕太刀
1.出端面	1.出端刺击(咽喉部)
2."同时互击之先"打面	2.押面技(面)
3.擦入面	3.押面技(小手)

---

① 作者意即打完一本后应顺着余势走两三步,视线不离开对手,最后回到中段。"锷竞"并不是剑道的残心,而是竞技规则的产物。锷竞技也就不能算是剑道的技巧。——译者注

打太刀	仕太刀
4.变招,小手→面	4.上擦面
5.变招,上小手→面	5.拨击面
6.表侧张面	6.出端压制技①
7.里侧张面	7.里侧擦入技
8.里侧擦入面	8.出端小手
9.喝、咄	9.应返技
10 小手面	10.押入技

小手技及应对技

打太刀	仕太刀
1.表侧小手	1.刺击面
2.里侧回转小手	2.表侧上擦面
3.拨击小手	3.霞面
4.擦入小手	4.卷返面
5.应招、卷入小手	5.拨击面
6.压制后担击小手	6.小手打落小手

胴技

打太刀	仕太刀
1.变招,面→胴	1.支刺后拨击胴
2.小手胴	2.应返胴
3.张击胴	3.居敷胴(七本目)

---

① 刺胸。——译者注

近间技

1.左手推出后表侧切返面①
2.左手推出后卷返里侧面
3.左手推出后卷返退击小手
4.左手推出后卷返右胴
5.押入面
6.胴引

　　"新明一刀流"中没有"等待""格挡""后退"，有以上任何一点时，心就已经输了。不能用手做出招式，而应灵活运用身体取胜。所谓运用身体指的是进攻、出手打击、开足、踏入等。步伐应顺应"天之理法"，配合对手动作移动。

---

　　① 即右面。——译者注

附录一 《兵法三十五条》

　　《兵法三十五条》是由宫本武藏在宽永十八年（1641）受细川藩主细川忠利之命编纂的"二天一流"兵法书，被认为是其四年后所著的《五轮书》的前身。然而其中有不少要点在《五轮书》中并无对应，且那些有对应的要点的描述方式也与《五轮书》略有不同。为方便读者理解本书，特将《兵法三十五条》翻译后作为附录附上，同时标注了每个段落与《五轮书》的对应关系。

序

　　修行兵法二刀之一流已数载，如今首次落于纸笔。虽难免有言语不能及之难点，但本文会尽量尝试将本兵法的太刀筋心得一一道来。

　　兵法二刀の一流数年鍛錬仕処、今初て筆紙にのせ申事、前後不足の言のみ難申分候へ共、常々仕覚候兵法之太刀筋心得以下，任存出大形書顕候者也。

一、将此道冠以二刀之名的缘由
（对应地之卷"此一流二刀と名付る事"）

此道虽名为二刀，但左手所持之刀相对来说并没有太大意义。修炼二刀的根本目的是使人能够习惯单手使刀，若能做到这点，则在多种情况下能够获得优势，例如在战场上、马上、泥塘水洼、险仄狭路、丘陵石滩、羊肠小道或奔跑时等。若左手已经拿着一件武器或道具，便无法双手持刀，唯有单手使刀一途。

初学时或许会觉得困难，但经过锻炼便能运刀自如。举例来说，通过练习射箭便能增强射箭所需的力量，通过练习骑马便能增强骑马所需的力量。在庶民之中也有类似例子，比如说水手使用橹、棹的力量很强，而农民则使用锄、锹的力量很强。同样地，练习使用太刀时只要坚持锻炼也一样能获得使用太刀的能力。需要注意的是，人的力气各有大小，应根据自身情况选择适合自己的刀。

此道二刀と名付事

此道二刀として太刀を二ツ持儀、左の手にさして心なし。太刀を片手にて取ならはせん為なり。片手にて持得、軍陳、馬上、沼川、細道、石原、人籠、かけはしり、若左に武道具持たる時、不如意に候へば、片手にて取なり。太刀を取候事、初はおもく覚れ共、後は自由に成候也。たとへば弓を射ならひて、其力つよく、馬に乗得ては、其力有。凡下之わざ水主はろかひを取て，其力有。土民はすきくはを取，其力強し。太刀も取習へば，力出來物也。但人々の強弱は、身に応じたる太刀を持べき物也。

二、如何理解兵法之道（对应地之卷）

上至大兵团作战的兵法，下至单人兵法，都是相通的。本书中所写的虽是单人兵法，但若是将头视作大将，将手足视作军官，将躯干视作步卒，则会发现治国修身皆适用兵法之道。

兵法之姿应均衡而无侧重，无不足，不强不弱，从头到脚皆均匀地分配注意力，不偏颇。

兵法之道見立処之事

此道大分之兵法、一身之兵法に至迄、皆以て同意なるべし。今書付一身の兵法、たとへば心を大將とし、手足を臣下郎等と思ひ、胴體を步卒土民となし、國を治め身を修る事、大小共に、兵法の道におなじ。兵法之仕立樣、惣躰一同にして余る所なく、不足なる処なく、不強不弱、頭より足のうら迄、ひとしく心をくばり、片つりなき様に仕立る事也。

三、持刀之法（对应水之卷"太刀のもちやうの事"）

持刀时拇指和食指应轻贴在刀柄上，中指中度使力，无名指和小指收紧。太刀与手都有"生"和"死"的概念。在做构、格挡及等待机会时如若忘了最终目的——斩切对手的话，手便会变得呆滞，此即"死"。"生"则与之相对，刀和手处于放松、自然的状态，从而随时都能出击。

除此之外，持刀时手腕不能弯曲，手肘不宜过度伸直，也不宜过度弯曲，手臂上部肌肉放松而下部肌肉用力。务必好好体会。

太刀取樣之事

太刀之取樣は，大指人さし指を請て、たけたか中、くすしゆびと小指をしめて持候也。太刀にも手にも、生死と雲事有り。構る時、請る時、留る時などに，切る事をわすれて居付手、是れ死ぬると雲也。生と雲は、いつとなく，太刀も手も出合やすく、かたまらずして、切り能き様にやすらかなるを，是れ生る手と雲也。手くびはからむ事なく，ひぢはのびすぎず、かゞみすぎず、うでの上筋弱く、下すぢ強く持也。能々吟味あるべし。

四、身姿（对应水之卷"兵法の身なりの事"）

正确的兵法之姿中头不可垂下，也不可太上仰；肩不耸、不收；不挺胸而应挺腹；不弯腰；膝盖不固定死。整个身体应正对对手，从而使自己的身幅看上去更宽大。若始终保持此身姿，此身姿便可成为自然的身姿，即所谓"常住兵法于身，兵法即为常身"。应好好体会。

身のかゝりの事

身のなり顔はうつむかず、余りあをのかず、かたはさゝず、ひづまず、胸を出さずして、腹を出し、こしをかゞめず、ひざをかためず、身をまむきにして、はたばり広く見する物也。常住兵法與身、兵法常の身と雲事、能々吟味在るべし。

五、步法（对应水之卷"足づかひの事"，风之卷"他流に足つかひ有事"）

无论步子大小、快慢，步法都应保持和平时走路一样，即步足。以下几种不好的步法应避免，如跳步、浮步、踏步、蹑步以及落后、抢先的步法。

无论地面状况多糟糕，都应扎扎实实地站稳。后文会再加叙述。

足ぶみの事

足づかひ時々により、大小遅速は有れ共、常にあゆむがごとし。足に嫌ふ事、飛足、うき足、ふみすゆる足、ぬく足、おくれ先立つ足、是皆嫌ふ足也。足場いか成る難所なりとも、構なき様に慥にふむべし。猶奥の書付にて能くしるゝ事也。

六、着眼之处（对应水之卷"目付之事"）

关于着眼之处，从古至今有许多种说法，在此所述的着眼之处大致是在对手的脸上。眼睛应比平时眯得更细一些，冷静观察对手。无论对手距自己远还是近，眼球都应保持不动，聚焦于远处。用此眼法不光能看清对手的招式，甚至还能看到左右两侧的环境。

观与见两种眼法中，观的眼法强而见的眼法弱。后者会将自己的想法暴露给对手。"意"映射于目光，而"心"则不映射于外在。应好好体会。

目付之事

目を付と雲所、昔は色々在るなれ共、今伝る処の目付は、大體顔に付るなり。目のおさめ様は、常の目よりもすこし細様にして，うらやかに見る也。目の玉を不動，敵合近く共、いか程も，遠く見る目也。其目にて見れば，敵のわざは不及申、両脇迄も見ゆる也。観見二ツの見様，観の目つよく、見の目よはく見るべし。若又敵に知らすると雲目在り。意は目に付、心は不付物也。能々吟味有べし。

七、距离（无对应）

针对如何控制距离有许多不同说法，本文所述的是兵法中的距离控制，注意不要和别的概念混淆。

无论在哪个领域，当你开始践行此道时都能自然地理解其道理。就兵法来说，当你的太刀能斩到对手时，对手的太刀也能斩到你。若太想击倒对手，则很容易忘了自身的安危。应好好实践。

間積りの事

間を積る様、他には色々在れ共、兵法に居付心在によって、今伝る処、別の心あるべからず。何れの道なりとも、其事になるれば、能知る物なり。大形は我太刀人にあたる程の時は、人の太刀も、我にあたらんと思ふべし。人を討んとすれば、我身を忘るゝ物也。能々工夫あるべし。

八、心态（对应水之卷"兵法心持の事"）

内心应保持不气馁、不焦急、不投机、不恐惧，直通而宽广。以意之心为轻，以心之心为重，使心如水一般来灵活应对各类情况。水有多色，涓滴为水，汇为沧海还是水。应好好体会。

心持之事

心の持様は，めらず，かゝらず，たくまず，おそれず，すぐに広くして，意のこゝろかろく，心のこゝろおもく，心を水にして，折にふれ，事に応ずる心也。水にへきたんの色あり，一滴もあり，滄海も在り。能々吟味あるべし。

九、知晓兵法中的上中下位（无对应）

有身构、各种太刀之构，又强又快的兵法是下段之位。而能做到臻于细节、招式丰富、通晓节拍、技术精湛的兵法处于中段之位。上段之位的兵法则不强不弱、没有棱角、不迅速，不怎么漂亮却也无不当之处，看上去大、直、静。应细细品味。

兵法上中下の位を知る事

兵法に身構有り、太刀にも色々構を見せ、強く見へ、早く見ゆる兵法，是下段と知るべし。又兵法こまかに見へ、術をてらひ、拍子能様に見へ、其品きら在て、見事に見ゆる兵法，是中段の位也。上段之位の兵法は、不強不弱、かどらしからず、はやからず、見事にもなく、悪敷も見へず、大に直にして、静に見ゆる兵法、是上段也。能々吟味有べし。

十、丝线与矩尺（无对应）

心中应始终有丝线与矩尺的概念。想象对手身上各处穿有丝线，在任何时刻都有强的地方、弱的地方、直的地方、曲的地方、绷紧的地方、松弛的地方。若以自身之心为笔直的矩尺去丈量这些丝线，则能知晓对手之心。无论圆弧、棱角、长短、曲直，都能通过此矩尺来丈量。应好好下工夫磨炼。

いとかねと雲事

常に糸かねを心に持べし。相手毎に、いとを付て見れば、強き処、弱き処、直き所、ゆがむ所、はる所、たるむ所、我心をかねにして、すぐにして、いとを引あて見れば、人の心能しるゝ物也。其かねにて、円きにも、角なるにも、長きをも、短きをも、ゆがみたるをも、直なるをも、能知るべき也。工夫すべし。

十一、太刀之道（对应水之卷"太刀の道と云事"）

若不通晓太刀之道，则无法随心所欲地挥动太刀，力量也无法传达到刀上。必须正确认识刀背刀侧，避免将太刀如小刀、抹刀一般使用，否则在斩敌瞬间心与刀无法合拍。修炼时应举轻若重，顺应太刀之道，将刀沉稳地挥出，命中目标。

太刀之道之事

太刀の道を能知らざれば、太刀心の儘に振りがたし。其上つよからず。太刀のむねひらを不弁、或は太刀を小刀に仕ひなし、或はそくいべらなどの様に仕付れば、かんじんの敵を切る時の心に出合がたし。常に太刀之道を弁へて、重き太刀の様に、太刀を静にして、敵に能あたる様に、鍛錬有べし。

十二、打与击（对应水之卷"打つとあたると云事"）

"打"与"击"是不同的。"打"必须有一个明确目标，如同切开试斩物一般，全身心投入地斩下。而"击"则是在无法看到"打"的目标时，不限定部位地击出。应明确的是，无论"击"的力道有多重，都无法成为"打"。然而从另一方面来说，无论击中对手身体，还是击中对手太刀，甚至落空，都不是没有意义的，"击"是为之后决定性的"打"做铺垫。应好好下工夫磨炼。

打とあたると雲事

打とあたると雲事、何れの太刀にてもあれ、うち所を慥に覚へ、ためし物など切る様に、おもふさま打事なり。又あたると雲事は、慥なる打、見へざる時、いづれなりともあたる事有り。あたりにも、つよきはあれども、うつにはあらず。敵の身にあたりても、太刀にあたりても、あたりはづしても不苦。眞のうちをせんとて、手足をおこしたつる心なり。能々工夫すべし。

十三、三先（对应火之卷"三つの先と云事"）

先机共分三种，第一种是我方主动进攻敌方之先，第二种是敌方进攻我方之先，第三种是敌我双方同时进攻之先。

主动进攻时，"身体进入出击的状态，步伐和心留有余裕，不张不弛，使敌方内心动摇"，此为"悬之先"。而敌方进攻过来时，首先应将心从自己身上抽离，当距离缩短后，将心解放出来，随对手动作而动，顺势取得先机。最后，当双方同时互相进攻时，应保持身体有力、正直，如此便可使太刀、身体、步伐、内心共同占得先机。取得先机至关重要。

三ツの先と雲事

三ツの先と雲は、一ツは、我敵の方へかゝりての先也、二ツには、敵我方へかかる時の先、又三ッには、我も懸り、敵も懸る時の先、是三ツの先なり。我かゝる時の先は、身は懸る身にして、足と心を中に殘し、たるまず，はらず、敵の心を動かす，是懸の先也。又敵懸り來る時の先は、我身に心なくして、程近き時、心をはなし、敵の動きに隨ひ、其儘先に成べし。又互に懸り合時、我身をつよく、ろくにして，太刀にてなり共、身にて成共、足にて成共、心にて成共、先になるべし。先を取事,肝要也。

十四、横越津渡（对应火之卷"とをこすと云事"）

在敌我双方可互相击打到的距离，若是认为出手打击会导致无法渡过津渡（即会使敌方占据优势），则应使身体和脚都紧贴对手以顺利渡过，之后便无须再担心自身安危。此段内容应结合上下文好好体会。

渡をこすと雲事

敵も我も互にあたる程の時、我太刀を打懸て、との内こされんとおもはゞ、身も足もつれて、みぎはへ付べき也。とをこして、気遣はなき物也。此類跡先の書付にて、能々分別有るべし。

十五、以身为刀
（对应水之卷"太刀にかはる身と云事"）

所谓以身为刀的意思是将太刀挥出时身体并不同时跟上，或者也可以将身体作为刀先行出击，太刀随后到达做出打击。做出后者那种打击时的心即为"空之心"。太刀与身体、心不可同时打击，"中在心、中在身"。请仔细体会。

太刀にかはる身の事

太刀にかはる身と雲は、太刀を打だす時は、身はつれぬ物也。又身を打と見する時は、太刀は迹より打心也。是空の心也。太刀と身と心と一度に打事はなし。中に在心、中に在身、能々吟味すべし。

十六、二足 （对应水之卷"足づかひの事"）

二足的意思是在太刀的一次打击之内，脚应该动两步。无论是从上方压制对手太刀，还是避开打击，以及前进后退时，都应该动两步。此中理法是后脚必须跟上前脚。若是伴随太刀的一次打击只动一步的话会陷入僵在原地的局面。

动两步的动作其实就是平时走路的步足。应下功夫好好磨炼。

二ッの足と雲事

二ッの足とは、太刀一ッ打内に、足は二ッはこぶ物也。太刀にのり、はづし、つぐもひくも、足は二ッの物也。足をつぐと雲心是なり。太刀一ッに足一ッづゝふむは、居付はまる物也。

二ツと思へば、常にあゆむ足也。能々工夫あるべし。

十七、踏剑（对应火之卷"けんをふむと云事"）

所谓踏剑就是指以步伐踩踏对手太刀之先的战术，具体来说便是在对手打来的太刀落下之时以左脚踏之。随后无论是以太刀，还是以身体及以心占据先机进攻，都可轻松处于胜位。若不循此理法行事，则难以向有利的方向发展。踩踏的步伐可急可缓，但踩踏的机会并非一直都有。应细细体会。

剣をふむと雲事

太刀の先を足にてふまゆると雲心也。敵の打懸太刀之落つく処を、我左の足にてふまゆる心也。ふまゆる時、太刀にても、身にても、心にても、先を懸れば、いかやうにも勝位なり。此心なければ、とたんとたんとなりて、悪敷事也。足はくつろぐ事もあり。剣をふむ事度々にはあらず。能々吟味在るべし。

十八、抑影
（对应火之卷"かげをおさゆると云事"）

此影为阴之影①也。通过观察对手的身之内，可发现对手留心之处与疏忽之处。以太刀进攻时应戒备对手的留心之处，而抑其疏忽之处，如此便可使其失去节奏，轻松胜之。同时也不可

---

① 在《五轮书》中，"抑影"的"影"是阳之影，而第十九篇中"移影"的"影"是阴之影，可以理解为宫本武藏在编著《五轮书》和《兵法三十五条》之间的时间里又对这两条内容有了新的认识。——译者注

忘记,抑影的最终目的是打击。应下功夫好好磨炼。

　陰をおさゆると雲事

　陰のかげをおさゆると雲事、敵の身の内を見るに、心の余り
たる処もあり、不足の処も在り。我太刀も、心の余る処へ、気
を付る様にして、たらぬ所のかげに、其儘つけば、敵拍子まが
ひて、勝能物也。されども、我心を残し打処を不忘所肝要な
り。工夫あるべし。

十九、移影
（对应火之卷"かげをうごかすと云事"）

　　此影为阳之影也。当对手做出将刀藏在背后、身体在前的
构时,应从战术上压制对手太刀,而身体则应放空。若以太刀打
其最前突的部位时,其必然会开始移动,而一移动即可轻松
胜之。

　　从前未有过此理论。打击突出部是为了避免心变得踟蹰犹
豫。应下功夫磨炼。

　影を動かすと雲事

　影は陽のかげ也。敵太刀をひかへ、身を出して構時、心は敵
の太刀をおさへ、身を空にして、敵の出たる処を、太刀にてう
てば、かならず敵の身動出なり。動出れば、勝事やすし。昔は
なき事也。今は居付心を嫌て、出たる所を打也。能々工夫有
べし。

二十、解弦（无对应）

解弦指的是当敌我双方的内心如同弓弦两端一般相持不下时，应以身体、太刀、脚步以及心来迅速解开这种状态。最容易的方式是做出对手意料之外的行动。应下功夫磨炼。

弦をはづすと雲事

弦をはづすとは、敵も我も心ひつぱる事有り。身にても、太刀にても、足にても、心にても、はやくはづす物也。敵おもひよらざる処にて、能々はづるゝ物也。工夫在るべし。

二十一、梳子（无对应）

所谓梳子之心指的是将胶着局面解开的战术，即以我之心为梳，将对手制造的混乱胶着之处——梳理清晰。相持不下与胶着虽然看似相同，但相持不下对应的心强，而胶着对应的心弱。应细细品味。

小櫛のおしへの事

おぐしの心は，むすぼふるをとくと雲ふ儀也。我心にくしを持て、敵のむすぼふらかす処を、それゞゝにしたがひ、とく心也。むすぼふるとひきはると、似たる事なれども、引はるは強き心、むすぼふるは弱き心。能々吟味有べし。

二十二、把握拍子的间隙（对应水之卷"敵を打に一拍子の打の事"，"二のこしの拍子の事"，"無念無相の打と云事"，"流水の打と云事"）

　　每个对手的拍子都不同，有快有慢。自己的拍子应顺应对手的拍子而变化。针对心的节奏慢的对手，在近距离无须移动身体，让对手察觉不到抬刀，以空之心迅速击敌，此为"一拍子"。针对心的节奏快的对手，先以身与心做出打击，在对手动起来之后再打，此为"二次跃出"。而"无念无相"指的是身体进入打击状态，心与太刀则伺机而动，当对手之气出现空隙时，从空之心的状态做出强有力的打击，此为"无念无相"。还有一种拍子叫"迟拍"，指的是当对手意图以自己的刀拍开或格挡下攻击时，将刀缓缓挥下，以错开时间差，打其拍子的间隙，此即为"迟拍"。应好好下功夫磨炼。

　　拍子の間を知ると雲事

　　拍子の間を知るは、敵によりはやきも在り、遅きもあり，敵にしたがふ拍子也。心おそき敵には、太刀あひに成と、我身を動さず、太刀のおこりを知らせず、はやく空にあたる、是一拍子也。敵気のはやきには、我身と心をうち、敵動きの迹を打事、是二のこしと雲也。又無念無相と雲は、身を打様になし、心と太刀は殘し、敵の気のあひを、空よりつよくうつ、是無念無相也。又おくれ拍子と雲は、敵太刀にてはらんとし、請んとする時、いかにもおそく、中にてよどむ心にして、まを打事、おくれ拍子也。能々工夫あるべし。

二十三、枕押（对应火之卷"枕をおさゆると云事"）

枕押的意思是察知对手欲出手攻击之气，将其想到"打"的瞬间的念头以空之心按回枕头上去。可以用心来按压，也可以用身体、太刀来按压。若能察知对手意图，则之后选择直接打击对手，或杀入，或退开，或抢占先机都很妥当。这点在任何情况下都非常重要，应多加锻炼。

枕のおさへと雲事

枕のおさへとは、敵太刀打だ为んとする気ざしをうけ、うたんとおもふうの処のかしらを、空よりおさゆる也。おさへやう、心にてもおさへ、身にてもおさへ、太刀にてもおさゆる物也。此気ざしを知れば、敵を打に吉、入に吉、はづすに吉、先を懸るによし。いづれにも出やう心在り。鍛錬肝要也。

二十四、把握气象
（对应火之卷"けいきを知と云事"）

气象包括环境的气象和对手的气象，需要识别并分辨其高低、深浅、强弱。前述的丝线与矩尺之法应时时践行，而气象则在所有场合之初就应把握住。若能正确地把握气象，则在任何情况下都能赢得胜利。应细细品味。

景気を知ると雲事

景気を知ると雲は、其場の景気、其敵の景気、浮沈、淺深、強弱の景気、能々見知べき者也。いとかねと雲は常々の儀、景気は即座の事なり。時の景気に見請ては、前向てもかち、後向てもかつ。能々吟味有べし。

二十五、成为对手（对应火之卷"敵になると云事"）

应站在对手的角度思考战局,从而发现对手难以应对的情况,这种情况可能是固守一室的单个敌人,可能是大群敌人,也可能是通达武道的敌人。若无法洞悉对手内心的弱点,则会将弱敌当做强敌,将不通武道的人当作通达武道的人,将小股敌人当做大群敌人,总结来说就是:会赋予对手本来没有的优势。应从对手的角度仔细思考分辨,知己知彼。

敵に成と雲事

我身敵にしておもふべし。或は一人取籠か、又は大敵か、其道達者なる者に會ふか、敵の心の難堪をおもひ取べし。敵の心の迷ふをば知らず、弱きをも強とおもひ、道不達者なる者も達者に見なし、小敵も大敵と見ゆる、敵は利なきに利を取付る事在り。敵に成て能く分別すべき事也。

二十六、残心与放心（无对应）

残心与放心两种状态应审时度势地切换。通常情况下都应放开意之心,留下心之心为主导(残心);当对敌人进行果断打击时,则应放开心之心,留下意之心为主导(放心)。应细细品味。

残心放心の事

残心放心は事により時にしたがふ物也。我太刀を取て、常は意のこゝろをはなち、心のこゝろをのこす物也。又敵を慄に打時は、心のこゝろをはなち、意のこゝろを残す。残心放心の見立、色々在物也。能々吟味すべし。

二十七、机缘击（对应水之卷"縁のあたりと云事"）

　　机缘击指的是当对手在近距离挥刀斩来时，通常可以以擦开、格挡、击开等手段来应对，而这些应对动作都应被视作打击的机缘。如果能目的明确地为了打击而做出压剑、回避、继足接近等动作的话，那么身、心、刀都可始终保持在随时都能出手打击的状态。应细细品味。

　　縁のあたりと雲事

　　縁のあたりと雲は、敵太刀切懸るあひ近き時は、我太刀にてはる事も在り、請る事も在り、あたる事も在り。請るもはるもあたるも、敵を打太刀の縁とおもふべし。乗るもはづすもつくも、皆うたんためなれば、我身も心も太刀も、常に打たる心也。能々吟味すべし。

二十八、漆胶之身
（对应水之卷"しつかうの身と云事"）

　　所谓漆胶之身指的是攻入对手的贴身距离。如同将漆与胶涂到物体上一样，以足、腰、头尽可能地贴近对手。若和对手之间还有未紧贴之处，对手就有机会使出各种技巧。贴近对手的拍子与枕押相同。内心应保持冷静沉着。

　　しつかうのつきと雲事

　　しつかうのつきとは、敵のみぎはへよりての事也。足腰顔迄も、透なく能つきて、漆膠にて、物を付るにたとへたり。身

につかぬ所あれば、敵色々わざをする事在り。敵に付く拍子、
枕のおさへにして靜成る心なるべし。

二十九、秋猴①之身
（对应水之卷"しうこうの身と云事"）

　　秋猴之身指的是欲贴近对手时应想象自己没有左右双手。
常见的错误是身体落在后面，只有手向前伸。手一旦先行伸出，
身体与对手的距离反而被拉远了。贴身时可以利用左手上臂来
进攻，但万万不能有意识地使用小臂。贴身的拍子如同前述。
　　しうこうの身と雲事
　　しうこうの身、敵に付時、左右の手なき心にして、敵の身に
付べし。悪敷すれば、身はのき、手は出す物也。手を出せば、
身はのく者也。若左の肩かひな迄は、役に立べし。手先に心
あるべからず。敵に付拍子は、前におなじ。

三十、比身高（对应水之卷"たけくらべと云事"）

　　比身高的意思是，当与对手贴身时，应如同与对手比身高一
般伸展自己的身体，向对手展示自己是更高的一方。贴身的拍
子同前。应细细品味。
　　たけくらべと雲事
　　たけをくらぶると雲事、敵のみぎはに付時、敵とたけをくら
ぶる様にして我身をのばして、敵のたけよりは、我たけ高く成

---

　　① "秋猴"指的是一种手臂很短的猴子。——译者注

る心。身ぎはへ付拍子は，何も同意也。能々吟味有るべし。

三十一、折叠门（无对应）

　　折叠门之身指的是，当与对手贴身时应尽可能地扩大自己的身幅且保持正直，将对手的太刀与身体都盖住，使得敌我身体之间毫无缝隙。还有一种情况是将身体侧过来，尽可能地使身幅窄而正直，用肩向对手的胸用力撞去，可将其撞倒。应下功夫磨炼。

　　扉のおしへと雲事

　　とぼその身と雲は、敵の身に付く時、我身のはゞを広くすぐにして、敵の太刀も、身もたちかくすやうに成て、敵と我身の間の透のなき様に付べし。又身をそばめる時は、いかにもうすく、すぐに成て、敵の胸へ、我肩をつよくあつべし。敵を突たをす身也。工夫有べし。

三十二、将敌如卒
（对应火之卷"しやうそつをしると云事"）

　　将兵法精髓融会贯通之后，便能够把对手视作兵卒，而自己则为大将。不给予对手任何自由，令其完全按照我方的意愿做出挥刀或畏缩不动，从而使其内心没有余裕谋划任何诡计。这点至关重要。

　　将卒のおしへの事

　　将卒と雲は、兵法の利を身に請ては、敵を卒に見なし、我身将に成て、敵にすこしも自由をさせず、太刀をふらせんも、す

くませんも、皆我心の下知につけて、敵の心にたくみをさせざ
る様にあるべし。此事肝要なり。

三十三、有构、无构
（对应水之卷“有構無構のおしへの事”）

持刀时有有构与无构的概念。无论做哪种构，如果是为了
做构而摆出构的样子，那么太刀与身体都会变得僵硬。应根据
环境及形势不同，不拘泥于构型，根据对手动作相应变化呼应太
刀之构。上段有三色，中段及下段也各有三种不同之心。左右
胁构亦同。此为无构之心。应细细品味。

うかうむかうと雲事

有構無構と雲は、太刀を取身の間に有事、いづれもかまへな
れども、かまゆること、ろ有によりて、太刀も身も居付者なり。
所によりことにしたがひ、いづれに太刀は有とも、かまゆると
思心なく、敵に相応の太刀なれば、上段のうちにも三色あり、
中段にも下段にも三ツの心有り。左右の脇までも同事なり。
爰をもつてみれば、かまへはなき心也。能々吟味有べし。

三十四、岩磐之身
（对应火之卷“いわをのみと云事”）

岩磐之身指的是当一个人洞悉兵法之妙后，即使在身体不
动的情况下也可使心变得强大。所有生物都会有意识地想要避
开他，甚至无心的草木、风雨。应细细品味。

いわをの身と雲事

岩尾の身と雲は、うごく事なくして、つよく大なる心なり。身におのづから萬里を得て、つきせぬ処なれば、生有者は、皆よくる心有る也。無心の草木迄も根ざしがたし。ふる雨、吹風もおなじこゝろなれば、此身能々吟味あるべし。

三十五、知期
（参考水之卷"直通のくらいと云事"）

知期指的是应知晓做某件事的最早时间与最晚时间，如临祸难能否避过。此为本流派直通之极意刀法，仅作口传。

期をしる事

期をしると雲事は、早き期を知り、遅き期を知り、のがるゝ期を知り、のがれざる期を知る。一流に直通と雲極意の太刀あり。此事品々口伝なり。

三十六、万里一空（对应"空之卷"）

万里一空的境界无法落于文字，只能凭借自身努力修行来达到。

萬里一空の事

萬里一空の所、書あらはしがたく候へば、おのづから御工夫なさるべきものなり。

以上三十五条内容已将兵法之道大致包含在内。略过未提的种种细节都能在文中找到对应参考之处。

流派中的实技与口传心得则并未写下。如有问题，可当面解答。

　　寛永十八年二月一日　　新免武藏^①　　　　　　玄信

　　右三十五箇條は、兵法の見立て、心持に至るまで大概書記
申候。

　　若端々申殘す処も、皆前に似たる事どもなり。

　　又一流に一身仕候太刀筋のしなじな口伝等は、書付におよ
ばず。

　　猶御不審の処は、口上にて申しあぐべき也。

　　寛永十八年二月吉日　新免武藏　　　　　　　　玄信

---

　　①　关于宫本武藏的出身有多种说法。其在与剑术相关的文末通常署名为新
免，而表明家系时则用宫本。

附录二　剑道常见专有名词

炼士、教士和范士	剑道体系里的称号,六段开始可以申请炼士;具有练士六段资格、有良好指导能力者可以申请教士;而范士则需要达到八段且拥有教士资格之后才能申请。
极意	最深层次的知识与技巧。
剑道形	是剑道中的一个重要组成部分,通过固定的动作模式来训练剑道的基本技巧和理论。这包括正确的剑持方式、身体姿势、对战身法、身体距离、对战技巧、打击时机等。
打太刀和仕太刀	进行剑道形演武的两位参与者。"打太刀"通常由上位者担任,负责攻击和引导剑术;而下位者则负责防守,称为"仕太刀"。
残心	指的是在完成每一个打击动作后,仍然保持高度警惕和斗志,以防对手反击。从字面意思上理解,"残心"意味着"残留余心",即在动作结束后仍有所保留,不可放松。一般体现为打击完后拉开距离回到中段之构或是形成锷竞。
切先	指刀的尖端部分,也被称为"锋"。具体来说,切先是指镐筋(しのぎすじ)和横手筋交会的地方,从"三头"(みつがしら)以上的部分开始。

物打	指刀身横手以下 10 多厘米的部分,这一区域在斩切时起到关键作用。
近间	比一足一刀更近的距离。
远间	即使前进一步也无法打击到对手的距离,比触刃和横手更远。
触刃	双方同时做中段之构时,两把刀的尖端刚刚碰到的距离。
横手	横手为日本刀上切先与刀身间一条实际可见的分割线,是从刀镐延伸到刃部的一条横线,又称横手筋。横手的距离即双方持中段之构时横手筋相合的距离。
一本技	能够成功得到一本的招式。
素振	即空挥,剑道基本练习方式。
刃筋	也就是刀刃在斩切到目标时的角度,最理想的情况是和物体完全垂直。
构	指一种特定的架势或姿态,用于准备攻击或防御。
稽古	"稽古"的字面意思是考察古代的事迹,以明辨道理是非、总结知识经验,从而于今有益、为今所用;本身也有练习的含义;剑道稽古不仅包括技术上的对战练习,还包括心灵上的修炼和精神上的传承。
攻击/进攻(攻め)和打击(打ち)	虽然生活中"攻击"和"打击"经常混为一谈,但在剑道中是完全两个概念。"攻击"指的是制造对手破绽的同时进入准备打击的状态;"打击"则是实际出手打到对手。举例来说,象棋中的经典开局"当头炮"就是一种"进攻",而飞过界吃掉对方的卒这步棋就是"打击"。
蓄攻(溜め)	指的是在我方发起进攻后,对方做出反应之前的一小段暂停状态。在这一阶段,应仔细观察对方的反应,然后决定最终的打击方式、目标。

续表

一本目—七本目	创造形 1—7 式。
兵法	在日本，兵法指包括了格斗技到用兵策略的所有胜负之道。
表侧、里侧	分别指两侧相克时对手的纠正自己创的左侧和右侧。
小手	即剑道有效打击部位中的手腕部位。
元立	陪练方。
气合	发声助力。
悬	进攻。
切返	一种前后往返挥刀的练习。
卷返	剑道形四本目中"仕太刀"应对对方刺击的动作。
盗足	右脚不动，左脚往前靠上右脚。
继足	常用词。
送足	常用词。
理合	合乎理法的做法。
交剑	两剑相交。
位诘	剑道形之本目中"仕太刀"进逼的方式占据优势地位缩短距离。

译后记

　　在求学的路上，遇到一位好老师是至关重要的。笔者练习剑道十年有余，能在众多剑道名师中与川端邦彦老师结识并拜于其门下，实乃人生一大幸事，当然过程中也充满了机缘巧合。

　　作为从小体育不合格的选手，我从来没有过主动出门锻炼的想法，反倒是对于各种挥舞刀剑、打打杀杀的游戏兴趣浓厚。2013年初，恰逢大学期末考试结束，我从德语老师处了解到她正在上海某道场学习剑道，便来了兴趣。几天后，我拉上好友去各个道场实地考察了一番。当时的我对于剑道了解并不多，更多的是出于好奇与兴趣，最后便在一位师兄的怂恿下，误打误撞找到剑禅社直接报名，就开始了练习。没想到，两个月后有幸在那里遇到了川端老师来沪讲习，并向其学习，正式接触"理法的剑道"。

　　2023年年底，笔者专程前往日本三重县四日市市拜访了恩师指定的师范代，即传承人福泽纯一老师。福泽老师带我去了当地的三泷道场参加了合练。当天一共来了20人左右，作为四段的笔者是成人组里段位最低的。由此，我再一次认识到中日两地的剑道环境差异之大——四日市市人口不多，也并非剑道

185

重镇，但还是有相当数量的高段位老师；而国内道场中，仅仅到了四段就面临着不太能找到更高段位老师切磋的窘境。

当然，从更为宏观的角度来看，并不是所有的高段位选手都是好的指导者。2022年，上海市社会体育指导员培训请到了上海体育学院的"飞龙"李建文教授前来讲习。李教授谈到，作为指导者不光要自己练得会，还得能将体系化的经验传授给学员。学员不仅仅需要苦练、多练，更需要成体系、有章法地科学训练。经常发生的情况是，一位选手能拿下一枚金牌，但是到了指导学员的时候，就如同茶壶里煮饺子——倒不出。此时，学员只能在反复的基础练习中自行领悟要点，这一过程既漫长又枯燥。

对于以上种种问题，川端先生也深有感触。为此，在生命的最后十数年中，他一直致力于中日文化交流，并专门写就此书；希望能够将毕生所学倾囊相授，把深刻、丰富、有趣的剑道理法带给中国的剑道爱好者，并帮助学习者提升理论水平和认知水平，修炼成日本剑道形解说书中所寄望的"高格调的剑道"。

值得一提的是，本书后半部分介绍的"新明一刀流"乃川端老师结合自己59年剑道练习的体悟自创之"竹刀剑道"之流派，区别于竹刀"竞技"，同时也不是古流剑术。笔者在学习剑道9个月后便因留学去德国待了一年半，跟随当地的四段老师Matthais Lechleitner练习了更偏主流的剑道，在此期间体会到了两种剑道的异同。通过主动的进攻来让对手的"构"崩坏，创造机会进行决定性打击，这点在任何一种对抗性武道中都是一样的；而不同点在于川端老师通过辩证的方式，在剑道中提出了另一种合乎人体运动规律的调动身体的方式，进一步丰富了进攻面和打击面。

对于学习者来说，一本好书就如同一位好的老师。虽然一位好老师不一定能够帮助学员立竿见影地提升水平,但一定能极大地提升学员水平的上限。就拿现在大家都熟悉的乒乓球作例子,如果大家去附近的球馆的话,一定能找到那么几个打了几十年乒乓球的老爷子,他们确实有些水平,但很难在高水平比赛中拿名次。究其原因,是在过去的几十年里,他们多和水平差不多的球搭子进行"菜鸡互啄"式练习,水平提升很慢,经年累月而形成了自己的"野路子"球路,难以再提高。而真正变强的方式应该是找一位专业教练,进行体系化的训练,不断从教练处得到反馈,调整自己的动作和打法。假以时日,击败练习时长远超自己的"野路子"选手便不是问题。

川端老师生前将此书书稿托付于吾学生辈留存,并立下出版的遗愿。我利用工作之余将其翻译成中文,并在师母的授权和支持下最终促成出版一事。在此,一并感谢在这一过程中支持与帮助过我的师友,特别是上海剑禅社的汪笑沁老师和虎贲馆姚旭老师,也由衷地祝福中日剑道能够友好并存、世代相传。

朱其乐
2024 年元旦于上海